東大時代の中島喜久平

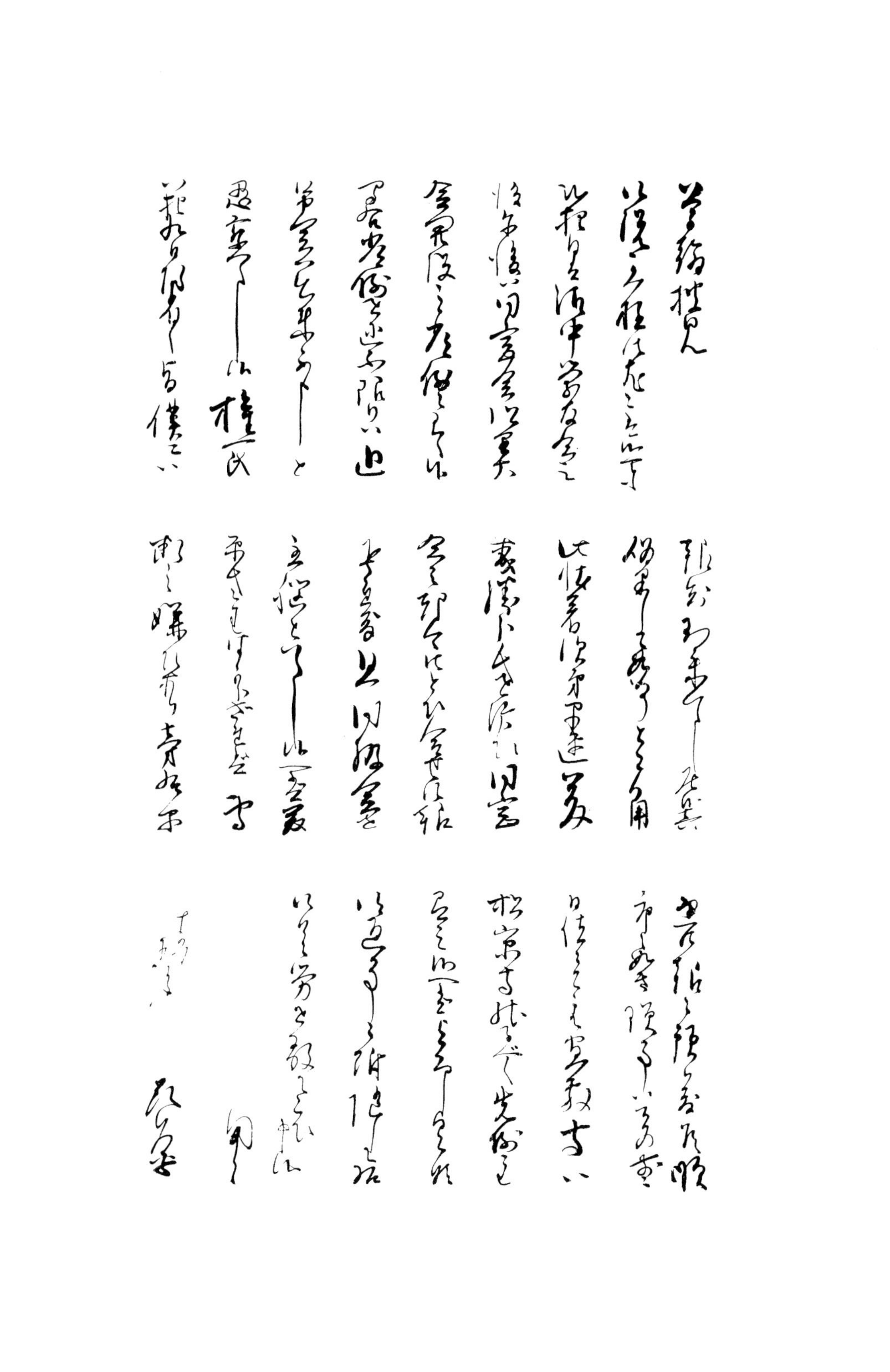

芳翰拝見

[illegible]

尊翰披見
御説之程御尤もニは候へども
弐拾日は諏中学友会之
後午後ハ同窓会郷里大
会開設之常例ニ有之候
間、右常例を逐う限りハ追弔
会は出来申さずと
愚察いたし候。注（小平）権一氏
八拾九日帰省候旨僕ニハ
報告到来いたし居り候。真
偽果たして如何。とに角
此の状着次第早速藤
森勝郎氏を訪い同窓
会の都合御問合わせ御報
下され度、且同級会を
主脳といたし候へば藤
原注（咲平）氏ニも計らざれば専
断の嫌いあり、旁々右早
速御報ニ預かり度候。順
序の如き鎖事ハその前々
日位にても宜敷く、寺ハ
松嵒寺注（正願寺）、然る
べく先例も
有之候へば、よろしく候。
御返事ニ付随して右
御足労を敢て乞い申し候。
匆々
十五日午後　喜久平
（笹岡末吉寄贈
清陵同窓会蔵）

上諏方注（訪）町地蔵寺畔
同志社
笹　岡　末　吉　様　至急
（明治三十六年）
七月十五日午後
米沢村埴原田
中嶋喜久平

中島書簡
（笹岡末吉寄付：清陵同窓会蔵）

明治33年６月諏訪中時代の中島喜久平
(左本人17歳・三年生、右弟真次15歳二年生、中央父平作39歳)

刊行のごあいさつ

茅野市福沢に生まれた私は、隣の埴原田の出身で、縁戚である中島喜久平先輩が、天下の秀才であることを聞かされ、少年時代皆勤賞として氏の著書をいただき、のち諏訪中学に入学して氏の作詞になる「ああ博浪の」を校歌として歌うようになって、早世した氏にあこがれをもっていたが、過去の人でありました。

私は諏中から進学を希望し、入学は許されたものの、学費の点で悩み、両角丑助先生にご相談し、笹岡末吉先生のご心配で武川又兵衛大人の奨学金をいただくことになり、無事学業を卒えることができました。私が今日あるはこれら諸先輩のご恩によるものであり、そのご恩に報いることが私の道だと思っています。

たまたま清陵百年に際し、私は入院中の身で「ああ博浪の」の記念碑建立を提案しましたが、時期尚早ということで見送られることになりました。そこで、かねてから中島先輩について調べ、記念碑建立についても相談願った五味幸男氏にお願いして、中島先輩を中心とするそれら先輩の伝記を刊行することにしました。

その趣旨に賛同しご支援いただくための刊行委員会の委員に矢崎和広茅野市長さんはじめ直接間接の関係者の皆様に委員をお願いしたところ、多くの方が快くお引き受けくださいました。私が自由がきかぬ身なので、それまでの関わりから代行事務局に五味氏をお願いしましたが、東大名誉教授宮坂広作先生には、その委員をお引き受けくださった上、編集上にも特にご援助いただきました。厚くお礼申しあげます。

平成七年十月

刊行委員会代表　竹　内　丈　夫

まえがき

旧制諏中の校歌「ああ博浪の」は難解の歌詞であった。筆者は昭和一三年入学当時歌わせられて「博浪」は馬の医者だと思ったから、それから先がわかるはずはない。

作詞者中島が一高に首席で入学し、天下の秀才と言われつつ惜しくも早世したまでは伝承的に聞き及んでいたが、その実態は、依然幻の人であった。筆者はその後縁あって米沢の人となり、中島の本家筋の家が親戚となってから関心をもち調査を心がけていた。

本格的に調べるようになったのは「諏訪（中）一高会」の小川六郎氏（昭和一四年入学）と知り合って、昭和六三年夏、同会の中島の墓参会に参加してからである。筆者は地の利を得て中島の小・中学時代を主として調べることとし、中島の生家（当主伸和氏）と中島の甥にあたる市原伸能氏（逗子市在住）・米沢小学校・埴原田財産区・清陵高校同窓会事務局の協力をお願いし、それらの知見をまとめて昨年第一稿『鬼才中島喜久平に関する知見』を、小川氏が『小松武平先生追想録』を会員に回覧される際便乗して高覧に供し、一高・東大時代に関わるご意見・情報をお願いし、さらに概要を『人間中島喜久平に関する知見』として地元長野日報に発表し、地元の意見・情報を求めた。

その結果学兄として畏敬する青年教育・生涯教育の権威者東大名誉教授で山梨学院大教授の宮坂広作先生からは中間報告的なものであってもぜひ本にしたらというお勧めがあったが、浅学非才の者の心残りある作とてははばかるものがあり、経費の問題もあった。

その新聞記事を見た病床にある老医師九三歳の竹内丈夫先生（大正四年入学）から、本年になって筆者に母校百周年記念に「ああ博浪」の碑を母校に贈りたいという相談があった。筆者は時機を逸した感はもったが、先生の「千万人と雖も吾往かん」とする純粋な熱意にうたれ、同窓会長や茅野支部長、新校長に話をもっていく役を引き受けざるを得ず、石屋の見積までとって準備した。しかし六月の同窓会役員会ではすでに記念事業は固まっているし、個人の寄付に仰ぐわけにはいかないという結論に達したと聞かされた。

筆者は建碑の際は「仏造って魂入れず」ではいけないから、中島の人間性と作詞の背景を説明する冊子の刊行を伴う必要があることを主張していたが、建碑がダメになったので、竹内先生の願望を生かして刊行が主体となることになった。そして記念式典の前十月末刊行に間に合わせるよう、調査不十分の部分を残しながら急遽刊行準備にかかった次第である。

編著にあたって、竹内先生の発意は、奨学金の世話になった両角丑助・笹岡末吉・武川又兵衛各氏の恩義に報いるお気持ちからであることを知り、中島の伝記に、明治青年の向学心と苦学を支援した諏訪が誇るに足る育英の精神を付することにした。

記述にあたり現存者以外は敬称・敬語を略したことをお断りしたい。また本書は、多くの人が未見

と思われる中島の一九編にわたる遺稿を復刻し附することとした。

宮坂先生に監修をお願いしたところ監修者という名前はつよく固辞されたが、忙中を無理して初校を閲読され、かねてからこのことに関心をもっていた先生らしく、適切な助言と明快にして貴重な跋文（それは先生が進んで刊行委員会委員を引き受けてくださったからである）までくださった。それを編集の順序としては逆になるが、しいて先生のお許しを乞うて本文の各所に引用させていただくことにした。

刊行費は、竹内先生の報恩によるご高志によって多大なご支援をいただくことになった。そのため中島はじめ採り上げた人物のご遺族はじめ各図書館・学校に寄贈することができる。

また編著にあたって資料提供等何かとお世話になった方々のお名前を左に記し、深甚の謝意を表する。（敬称略・順不同・肩書略記）

〔中島関係〕 中島伸和（中島家当主） 市原伸能（中島家親戚） 中島源造（中島家親戚） 小野喜義（亡父喜正埴原田夜学会） 窪田央澄（紫雲寺住職） 伊藤祖衛武（埴原田醇厚社） 伊藤 功（『藤森修斎先生のよもやま話』著者） 土橋清志（鋳物師屋） 笹岡穂積（同前） 小尾郊一（広島大名誉教授） 古山主一郎（諏訪（中）一高会） 三井為友（同前） 柳沢武康（同前） 小口三郎（同前） 小川六郎（同前） 宮坂広作（東大名誉教授・山梨学院大教授） 小松紘一郎（岩波書店） 小口祐一（清陵同窓会事務局） 木下芳英（同前） 金子 功（信州風樹文庫） 平島佐一（同前） 吉川村子（吉川晴十家親戚） 小川善弘（『海こそなけれ』編集者）

（育英関係）関　之（『長善館物語』著者）武川泰雄（武川又兵衛家当主）笹岡太一（笹岡末吉家当主）両角治郎（両角丑助家当主）五味和男（笹岡末吉家親戚）茅野慶次（長師卒業者）伊藤博夫（長善館在館者）松下　勲（同前）伊藤節夫（南信日日新聞連載「上諏訪商人と育英」著者）原博一（長野日報論説委員）

平成七年八月　母校百周年の記念に

刊行委員会代表代行・事務局　五　味　幸　男

ああ博浪の槌とりて

目次

刊行のごあいさつ……刊行委員会代表　竹内丈夫
まえがき……刊行委員会代表代行・事務局　五味幸男

第一章　校歌「ああ博浪」と作詞の背景――1
第一節　校歌「ああ博浪の槌とりて」の人気……3
第二節　「ああ博浪」の歌詞と意味……7
第三節　校歌作詞の事情……12
第四節　諏中創立時の動揺期……21
第五節　中島体制の下で平穏化……25
第六節　諏中に「自治」の採用……29
第七節　諏中への通学……32
第八節　寄宿舎の併設と拡張……37
第九節　「自治」の実践――同（道）志社の結成……40

第十節　矯風会発足……43

第二章　「幻の人」中島の人間研究――45

第一節　生いたち……47
第二節　神童のほまれ……50
第三節　小学校時代……52
第四節　中島の中学時代――撃剣で免許皆伝……55
第五節　地域との交流……57
第六節　一高に首席合格……59
第七節　一高時代……65
第八節　東大時代……68
第九節　若尾財閥に入る……70
㈠所謂蔓を論ず／㈡財産区を社団法人に／㈢児童啓蒙書の執筆
第十節　永眠……76

第三章　中島以前明治青年の向学心と育英――81
第一節　明治諏訪の先人……84
㈠渡辺兄弟の苦学と育英／㈡片倉兼太郎兄弟の苦学と育英／㈢小川平吉の苦学と育英
第二節　明治青年の向学心と苦学……90
第三節　長師への進学……93
第四節　典型となった明治諏訪の育英……97
第五節　諏訪青年会設立――学生寮「長善館」建設……99
第六節　諏訪中等教育充実への道……101
第七節　郡立諏訪実科中学校設立と県立への発展……106
第四章　中島以後諏中生徒の進学熱と私設育英制度――109
第一節　進学率の増加……111
第二節　私設奨学金と学生寮……115
第三節　笹岡末吉（明治一七～昭和五二年）の進学……119
第四節　両角丑助（明治二〇～昭和二年）の進学……122

第五節　竹内丈夫氏（明治三四年〜）の進学……124
第六節　長善館の日々……128
第七節　戦後の長善館生活……132

付　中島の遺稿その他資料――139

跋――本書刊行の意義――……刊行委員会委員　宮坂広作　275

題字／竹内丈夫

第一章　校歌「ああ博浪」と作詞の背景

第一節　校歌「ああ博浪の槌とりて」の人気

清陵高校第二校歌「ああ博浪の槌とりて」は明治三六年（一九〇三）制定以来、難解な歌詞であるが、その歌詞が青年慷慨奮起の気に満ちているために、同窓生は高齢となっても青年理想の時期に戻るのか同級会の都度高唱し、あたかも清陵－旧制諏訪中学（略称諏中）の「精神」の如く人気がある。しかし「校風の生命」となる「自治」の言葉は織り込まれていない。

昭和一〇年度卒業「庚午同級会」の回想録は『空しかるべき』（昭和五二年）であり、名物教師牛山正雄教諭（昭和九年卒）の回想録は『理想の花の咲かむまで』（昭和五三年）であり、長野日報連載の百周年記事は『ああ博浪の槌とりて』といずれも、この歌詞から題名がとられている。また今年創立百周年を迎えて、中国「博浪沙」の地がこの歌の「ルーツ」であるとして、同窓会有志による日中友好の旅行が盛大に行われたようである。

広島大名誉教授で中国文学者の小尾郊一氏（大正一四年入学）は次のように記している。（『清陵同窓会報』昭和五五年）

古びた教室で夕闇迫る中に声をからして大合唱した懐かしいメロディー、今でも歌えば胸が高鳴る。

専制君主として悪名高い秦の始皇帝は、対立する六国を次々と併合して天下を統一したのが紀元前二二一年のこと、……天子としての威厳と権力を人民におしつけた。今の万里の長城は秦代のそれではないが、その一角に立ち、また兵馬俑の大軍団を見た時、始皇帝の実力をまざまざと見せつけられる思いである。

この最高最大の権威者実力者に敢然と挑戦したのが、血気盛んな青年張良である。彼の祖父と父は六国の一なる韓に代々宰相として仕えていたが、彼の年少の時、その韓は秦のために滅ぼされてしまった、故国韓と旧家の瓦解を眼前にみた少年張良は、この屈辱に堪えられなかったであろう。

それから張良は復讐の念に燃え、始皇帝を刺殺する機をねらいつつ、大力の男に一二〇斤（約三〇キロ）の鉄槌をつくらせた。

韓が滅びて一二年目、始皇帝が天下を統一して三年目に機会が到来した。始皇帝が東方に巡幸して黄河下流の博浪沙（今の河南省原陽県辺）の山中に出た時、張良は大力の男とともに、一挙に鉄槌で撃った。しかし不幸にも鉄槌ははずれて属官の車にあたって失敗に終わった。

……純心な情熱を燃焼させ、世の俗物どもの心持ちよく眠る春の惰眠を打ち破り、世を正しく導こうとする憂国的心情の吐露は、当時の旧制中学の校歌、旧制高校の寮歌におしなべてみられるところであり、明治の青年のめざす理想でもあった。……

また、前記宮坂広作氏（昭和一九年入学）はかつて筆者に寄せた文で次のように記している。

筆者は諏訪中学の生徒だったころ——それもすでに半世紀の昔のことだ——中島を景仰していた。中島のつくった校歌は、少年のこころを燃え立たせる情熱を帯びていた。筆者はそれに青年らしい理想主義、反権力の反骨精神、自由と自治の賛美を見いだし、大いに感激した。

のちに教育学の研究者になり、とくに青年教育史を専攻するようになったことから、いつの日か中島について探究してみようと思うようになった。しかし、その時どきに対応しなければならなかったテーマに追われて、なかなかその宿志を遂げることができなかった。

中島は天下の秀才であり、文武両道の達人であり、無双の豪傑であった——こういうイメージが、とくに藤原咲平の書いた追悼文によって、われわれ後輩のあいだに定着している。おそらく、それらは真実に近いものであろう。

さらに宮坂広作氏は跋文で次のように記している。

……難解な歌詞、十節に序詞と結詞がついている長大な構成を、エリート校にふさわしい個性的な校歌として、若い自尊心を満足させていたのではなかったか。青年客気の時代ならともかく、白頭に到ってこれを高唱してもなお胸が高鳴るとは、いったいどういうことか。若き日の理想をつらぬき、世に……尽力してきたという自信あればこその感激でなくてはなるまい。

筆者は、この校歌が同窓の間で人気があるのを次のように考えている。

作詞者中島は惜しくも早世したため社会的な業績に乏しく、その足跡は風化し「まぼろしの人」となった。しかし調べてみると当時の一高に首席で合格し、剣道は免許皆伝の腕前をもった文武両道の達人であり、慎重で協調的な君子人であって、当時の教育目標である「智徳体」を兼ね備えた、後輩にとって「理想的」「あこがれの人」であった。その中島は、この作詞を寄せたのちも母校の発展を願い、後輩の要請にこたえて多くの文を寄稿して「自治」を説いた。その概要が「まぼろし」となりつつも伝承的に伝えられて、この校歌の人気を支えてきた。

第二節　「ああ博浪」の歌詞と意味

この校歌の歌詞は、『学友会誌』第壱号（明治三十年発行）に発表された文字が原文（資料3）であり、尊重されねばならぬはずであるが、国語専門の清陵同窓会事務局長小口祐一氏（昭和一六年入学）は『同窓会報』第二一号（平成七年）の「校歌の変遷を追う」で、校正ミスによるかも知れないその誤りを指摘している。その点を修正して記することにする。

難解とされるこの校歌の解釈は、幾人かによって試みられたが、小口氏の解説と「諏訪（中）一高会」の古山主一郎氏（大正二年入学）がその道の権威者の指導を得て発表した解説をあわせ、解説すれば次のようである。

原文	解説
〔序章の部〕	

ああ博浪の槌《つい》とりて　打破せむ腐鼠《ふそ》の奴原が
弥生《やよい》半《なか》ばのこの夢を

〔本章の部〕

(一)　おしてる難波《なにわ》の群《むら》あしの　よは昏《こん》々と華《か》にねむり　赳《きゅう》々武夫のおもかげは　氷に鏤《え》りし玉楼の　消えてあとなしあなあわれ

(二)　空《むな》しかるべきをの子やも　いで独歩せむ天地《あめつち》に　わしがかかなく八岳《はちがく》の　山《やま》高の骨ゆく青雲《あおぐも》の　たかき志《こころ》を身に負いて

そのむかし博浪の地において青年張良は強大な権力者秦の始皇帝を三〇キロの鉄槌で襲撃したというが、我々も非力ながら心の腐った軽佻浮薄な者どもの惰眠を破り、覚醒の槌を振り下ろそう。

大阪湾に群れをなして生えている葦のように目が覚めず、勇猛な武人の面影は氷に彫った金殿玉楼のように消えてしまい、情ない限りだ。（よは昏々のよは世と夜をかねる）
自分達はとるにたりない者では決してない。鷲が声高く鳴く八ケ岳の峰々をかすめて走る明るい雲のような高い理想をもって独立独歩、広い天地に活躍しようではないか。

㈢　ひらかばならむ梓《あずさ》弓　はるの古城（湖上は誤り）のはつ花と　躍らばならむ天竜の風雲紫閃の間《あいだ》より　空《くう》を凌《しの》がむ勢《いきおい》と

㈣　怪鳥《かいちょう》（けちょうは誤り）かけらうわだつみの　中に碁布《きふ》せる乱島や　雲たち迷う国《くな》原《ばら》の　あおひとぐさはたによりて　平和の二字を得むとする

㈤　春秋《しゅんじゅう》多き青年が　わざにたぐえは筑《つく》波山《ばやま》　はやま繁《しげ》山しげからじ　浜のまさごもいかでかは　われ等たたずばよをいかむ

決意次第で、春の高島の古城の桜のように花開くことも出来るし、天竜川にきらめく雷鳴を伴って昇る竜が天をつく勢いも得られるのだ。

怪鳥が飛びかう大海原に将棋の駒のように点在する島々から成り立っている日本には暗雲があてもなくただよっている。国民は一体誰に頼って真の平和を得ようとしているのか。

春秋に富む青年の力は山にたとえれば筑波山のように他に抜きんでており、は山とかしげ山のような山は問題にならない。海辺の真砂も数が多いだけでは何にもならない。われ等青年が奮起しなければこの世はどうなってしまうのか。

㈥　いざや友垣とぎおろす　破邪の利剣に
うつる身の　よしやつるとも大君に　南洋東
亜の人の子に　つくさでやまむ心かと

㈦　朝嵐《らん》暮烟《えん》名細《くわ》しき　湖《こ》山《ざん》の中《うち》にいごも
れる　覇気喚《よ》びおこし武に文に　この世をさ
ます床《とこ》虫と

㈧　ああ麗水に金《きん》砂《さ》あり　崑《こん》岡《こう》玉（金剛
玉＝ダイヤモンドに非ず）を出《いだ》すとか　乱麻《ま》
をたつの英傑は　其地人士の精粋の　凝りて
は出づと　知るや君

さあわが友よ、鏡のように研ぎすまされた邪悪を打ち破る剣にはっきりと写っているこの身が、たとえ中途で倒れることがあっても天皇や南洋東亜の人々のために尽くさないではおかない心意気を示そうではないか。

朝のうるおいある景色、夕暮れのかすんだ景色をもつ美しい湖と山に囲まれたこの地にあって心中にたくわえられた覇気を呼び起こし、文武両道の修練に励み、惰眠をむさぼるこの世の人々の眠りを覚ます覚醒者となろうではないか。

麗水という水清き川からは砂金がとれるし崑崙山という高山からは玉になる石がとれるという。怪刀乱麻を断つように乱世を改革する英傑は、その地方の人々の精粋が凝り固まって生まれるということを君は知っているか。

(九)　再び槌《つち》(ついは誤り)をふりあげて　いくその魔をばくだけかし　夫れ質実をたてにして　やよ勤倹(勤勉に非ず)をよこにして織りも出でなむ校風を

(十)　山をもゆかむ意気をもて　海をものまむ概をもて　鉄槌《つい》三度《みたび》かざしては　あらが手ぶりに靡《なび》けとや　をたけべ友よ茜《あかね》さす

〔結章の部〕

朱議(曦)八荒を照らす時　芙蓉峰頭《ほうとう》一点の理想の花の咲かむまで

再び博浪の槌を振り上げて、群がる邪悪を打ち砕こう。質実と勤倹とを縦横の糸として立派にわが校風を織り出そうではないか

山をも抜く意気をもち、海をも呑んでしまう気概をもって、鉄槌を三度振りかざし、「我らと共に奮起しよう」と叫ぶ声に、わが友よ、雄々しくついて来いと言いたい。

茜色の太陽が四方をくまなく照らす時が来て、富士の絶頂の一点の輝きが理想の花を咲かせるまで(友よ叫びつづけよう)

第三節　校歌作詩の事情

その作詩者は、当時第一高等学校（略称一高）に入学したばかりの若き「天下の秀才」中島であるが、一世紀近くを経た昔のことで、今やその人物も作詩の事情も風化し去った感がある。

校歌制定当時雑誌編集委員としてこのことにたずさわった藤森勝郎（明治三二年入学・高師へ）は、制定の事情について次のように記している。（『清陵八十年史』昭和五六年）

私達の五年生の時校歌がほしいという声が起こり、皆で相談してその作者を論議した結果、先ず伊藤長七氏に頼もうということになり、私が小学校（注　高島小学校）の恩師で親近していた関係で依頼状を出した。……伊藤先生は元気潑剌たる青年教育家で、しかも詩才豊かな人。当時は東京高師の学生であった。……やがて送ってくれたのがかの「東に高き八ケ岳」の校歌であった。

今一つは私より二年先輩の茅野儀太郎氏に頼んだ。同氏は諏中から東京早稲田中学に転校し、一高・東大を卒えた秀才で、歌壇に重きをなした人であった。……

以上の他にやや遅れて出たのが、私の一年先輩で、当時一高生であった秀才中島喜久平氏作の「ああ博浪

長野県諏訪清陵高等学校校歌（第二）

中島喜久平作詞
校歌収録委員会補修
（1989.9）

諏訪清陵高等学校校歌「ああ博浪」

の」の歌であった。これは同氏が自発的に作ったのか、誰かに頼まれたのか、つまびらかにしないが、とに角以上三つができた。

そのうちどれを校歌として決定するということなしに、生徒の愛唱のまにまに自由にしたことも面白い行き方であった。……何となく生徒に愛唱されるものこそ、かえって永遠の生命があることを忘れてはならないと思う。

なお、伊藤長七は明治一〇年四賀村（現諏訪市）に生まれ、諏訪高等小学校卒業後、諏中の前身ともいうべき「育英会」（後述）に学び、四賀尋常小学校授業生となり、明治二七年長野師範学校（現信大教育学部）に入学、三一年諏訪高小訓導となった。生徒と一体となって心身を鍛える「活動教育」を実践、翌年校長と衝突して二年間に下諏訪尋小・岡谷尋高小、小諸尋高小と変わる。三四年東京高師（現教育大）入学、三九年同校付属中助教諭。理論・文筆・詩歌にすぐれていた。大正八年府立第五中（現小石川高校）初代校長となり「開拓精神」「創作心」を強調。昭和二年カナダの世界教育会議に出席、帰途船を間違えたと称して、南米—欧州—シベリ

福沢山にある伊藤長七の頌徳碑
（「諏訪四賀村誌」より）

アを巡回視察して帰国。昭和五年没。昭和四〇年地元有志、五中・高師付属中関係者によって福沢山の一角に頌徳公園がつくられ記念碑が建てられた。(『諏訪四賀村誌』昭和六〇年)

この文で藤森は「中島が自発的に作ったのか、誰かに頼まれたのか、つまびらかにしない」と記されているが、筆者は「校歌がほしいという声」が起こった時の学友会前期副会長で、ついで後期会長となったのが中島の弟真次(高師へ)であり、校歌募集の計画を知った中島が「自発的に作った」ものと見ている。

音楽にくわしい前記古山主一郎氏の調査によれば「ああ博浪」の曲は、その年春の一高寮歌「暁寄する」の曲の変曲であるという。「天下の一高」に首席で合格した中島が「自治寮」に入ったのは三六年九月であった。入寮した中島がその曲に合わせて作詞したものと思われる。「暁寄する」の詞は、「ああ博浪」の詞にも影響を与えたものと思われるので、全文を載せることにした。

中島の作詞にこめられた気概はどこから発したのであろうか。前記藤森の文は次のように記している。

さて私の下級生時代は已に実科中学校から諏訪中学校の名称に改まり、校舎もまだ新しく、生徒数も少なく、いわば母校の草創時代であった。当時の校長は鵜飼初弥先生で、まだ年も若く英気に満ちた哲人型で厳格な先生であった。……

この頃の詳しいことは下級生の吾々には判らなかったが、学校に騒動が起きて、上級生の慷慨激越の演説

辻村鑑 作詞
小峰昇二 作曲

あかつきよするにーしなの
そのなみたかくなるところしか
いのやみはかげひそめ
ゆかいならずやおくごーのち
りにまばゆきひかりあり

一、暁寄する新潮《しほ》の
四海の闇は影ひそめ
塵に眩ゆき光あり
その浪高く鳴る所
愉快ならずや億劫の

二、空に無限の座を占めて
劫風夕べ鳴を止め
千歳春の歌を聞く
きらめき出づる明星に
四大の荒《あら》び収りて

三、嗚呼彼の聲に亡びざる
嗚呼彼の歌に萎まざる
醒めよ迷の夢醒めよ
望はとはにこもらずや
榮の花は開かずや

四、春向駿の月に散る
自治の根ざしに青年の
五寮の覺光なし
花に吉野の名は殘れ
理想の泉涸るゝ時

五、嵐荒みて大空に
吾世の夢を破るべく
五寮の夕べ人もなし
一つの星の消ゆる如
勤倹尚武默《もだ》すとき

六、まだ春淺き岡の上
千すぢの琴ぞ懸りたる
たぎるや高き自治の歌
若葉の影に一張の
其緒にめぐる若き血の

七、見よ紫の雲間より
十三年の曙を
瑞枝に躍る旭影
望の光さし始《そ》めぬ
彌生が岡の若櫻

八、葉末にそよぐ風の音か
十三年の曙を
力ある哉自治の歌
海に逆巻く大濤か
千すぢの琴は鳴り出でぬ

（明治三十六年西寮）

暁寄するの楽譜

を雪の高島公園で聴いたことなどもあった。ともあれ、これが動機となって上級生中には退学或いは転学が相つぎ、有為の人材が多く母校を去って東京へ遊学したことは母校のためには惜しいことであった。

かくして台風一過、私共の四、五年の頃はこの動揺期を経過して、落着いた生活に入り、いよいよ諏中校風形成の時代に入ったように思われる。

鵜飼校長が早世されて後任には寺島伝右衛門先生が来任された。先生は見るからにでっぷり太った堂々たる体軀で快活磊落、誰にも親しみ深く接せられた点は、前校長とは如何にも対照的であった。……

さて、私共の最上級生の頃は明治三十六年で、満州や朝鮮に於ける日露間の関係が容易ならざるものがあった年で、翌三十七年には遂に開戦ということになり、国民緊張裡に翌年卒業したわけで、忘れがたい年であった。

なお、「ああ博浪」の　作詞者については中島と同じ「雪窓」の雅号を用いた中島より後輩の竹内節二（明治三四年入学）ではないかとの説も出て論議を呼んだが、中島の本家筋という中島源造氏（昭和四年入学）が調査反論する経過があった。

中島源造氏は、自家に所蔵される中島董畝（喜久平の雅号、後述）著『誠忠乃木大将』（甲）『偉人伊藤博文』（乙）『赤穂浪士』（丙）の各書のなかに『ああ博浪の』語句に関連するいくつかの語句を発見している。（『学友会誌第壱号寄稿の「郷健児に呈す」との関連も記されているが略す）

「ああ博浪」の歌詞	中島著前記各書にみられる関連する字句
赳々武夫のおもかげは 氷にえりし玉楼の 朝嵐暮烟名細《くわ》しき 山をぬかん意気をもて 理想の花の咲かむまで	(甲)将軍が赳々たる武将の風骨も、玉木翁が万事此の遣り口の教訓に俟つ…… (乙) 江戸八百八町の家々は忽ち金殿玉楼となりました。 (丙)さて内蔵助は心なき赤穂の朝嵐暮烟にも、尽きぬ別離の至情を寄せて…… (丙) 山を抜く力も折れて松の雪 (丁)しからば最早これだけで我大和民族は、永劫萎まない理想の花を咲かせた訳でありましょうか。

また竹内説に賛成した原田福太郎（昭和一二年入学）自身、「ああ博浪」の歌詞とともに中島が寄稿した「郷健児に呈す」の文中に、歌詞に通ずるいくつかの字句を見出している。（『同窓会報』第四号・昭和五三年）

「ああ博浪」の歌詞	「郷健児に呈す」の字句
打破せむ腐鼠の奴原が	いかで世の奴原が昏々たる夜半の睡を醒ます

山高《やま》の骨ゆく青雲のたかき志を身に負いて 風雲紫閃の間より 乱麻を断つの英雄は其地人士の精粋の凝りて は出づと	今の富士の根の望を身に負いて 紫雲地に閃き……速きこと閃電の如く 快刀乱麻を断つの士……大英雄を生ずる決し て偶然にあらず。必ずやその地方美徳の粋を 代表して出づるものなるぞ

さらに「諏訪（中）一高会」の柳沢武康氏（昭和一〇年諏中入学）は、中島が一高在学中『一高校友会雑誌』に寄稿した「覇権掌握論」（後述）に「ああ博浪」の歌詞に通ずるいくつかの字句を見出している。（資料9）

「ああ博浪」の歌詞	「覇権掌握論」の字句
ああ博浪の槌とりて 氷に鏤《え》りし玉楼の消えて跡なし 理想の花の咲かむまで ああ麗水に金砂あり、崑岡玉を出すとか	南浪の槌を以て 氷に鏤りし玉楼の消えて何等の踪跡を止めず 理想の花の実 麗水にして初めて金砂あり、崑岡にして初め て至宝の玉あり

宮坂広作氏は跋文で次のように記している。

……中島が学生時代を過ごした明治三十年代というのは、日清戦役から日露戦役後に至る「臥薪嘗胆」時代、……日本帝国膨張が強く志向された時期であった。ナショナリズムと天皇制賛美の心情は、中島・藤原・小平に共通してみられるところである。

すなわち、校歌成立は草創期諏中の動揺期を経過して、日露開戦を前にした緊張裡に校風形成の時代に入ろうとした背景をもっていたのである。

この文でいう諏中の動揺期とは、どんな時代であったろうか。

第四節　諏中創立時の動揺期

群民の進学熱の高まりによって郡立諏訪実科中学校が明治二八年（一八九五）日清戦争中に設立認可され、郡立中学校（三三年）を経て県立中学校となったのは創立六年後の三四年であった。（表1）創立三年後の三〇年一一月実科中学当時、主として寄宿舎々監にたいする不満から二年生野明敏治（一高―京大へ）ほか二二名が同盟休校を行った。結果は首謀者田村直兵衛（東京専門学校、のちの早大へ、以下同様）、名取三重（早大へ）、樋口長衛（一高―東大へ）三人の放校処分となった。

学友会は翌三一年各級から選ばれた常議員会によって会則がつくられ、一一月天皇誕生の佳節に発会式をあげた。会の運営は常議員会の決議により、そこには一高「自治」の影響が見られた。初期の会長今井行平・矢島重郎（一高―東大へ）は謹厳な鵜飼校長の管理主義的訓育方針の下で校長と対立し、無断上京して遊学したので学友会人事は混乱し、辰野亀男が代わって会長となった。そして卒業直前今井・矢島の二人は放校処分となった。前述藤森の文で「有為の人材が多く母校を去った」というのは、これらの事情を指している。

三三年郡立中学校となった学友会の会長永田稠（早大へ）は、会の総裁である校長が会則を変更し

表1　学校の方針と生徒の対立（前掲『学校史』による）

年度	校　長	学友会長	学校側と生徒との対立・協調	学校の処分
明30	川面（教頭）		寄宿舎々監に対する不満により同盟休校	首謀者3名放校
31		今井　行平	（学友会発足）	
32	鵜飼　初弥	矢島　重郎 辰野　亀男	校長と対立、矢島・今井無断上京休校、学友会人事混乱	卒業直前矢島・今井放校
33		永田　　稠	会則変更して校長の権限強化、問題続出（端艇部許可せず、ローンテニス注文取消、撃剣部廃止問題、信毎山路愛山講演中止）永田「校長ノ独裁廃止」と対立	
34		今井　参男 茅野儀太郎（副）	長野中学生接待問題で校長と対立、茅野「総裁廃止ニ身ヲ犠牲ニセン」今井「感情ニ走ラズ理性ニ訴エヨ」	
35	寺島伝右衛門	中島喜久平	端艇二隻借用、山路愛山講演、弓術部・庭球部新設、（同志舎創立）	
36		藤森　　勇 中島　真次	寄宿舎に浴場新設、端艇二隻購入、矯風会開催、学友会誌発刊、校歌3編発表	

て権限を強化し、生徒の「自治」としての常議員会の決議は総裁の裁定を受けることになり、生徒の要望は何れも中止の運命となった。常議員会制度はなくなり、育ちつつあった「自治」の芽は摘みとられる結果となった。永田は総裁の「独裁政治廃止」を訴えて会長を代わった。

三四年県立中学校となった学友会の会長今井参男（東高商へ）、副会長茅野儀太郎（一高―東大へ）も校長と対立、交代に際し「総裁廃止ニ身ヲ犠牲ニセン」しかし「感情ニ走ラズ理性ニ訴エヨ」と書き残した。（表1）

永田・今井は何れも学校側との対立による生徒側の犠牲の大きさを避けようとしたのである。

表中の山路愛山は当時信濃毎日新聞主筆で県内各地の青年会等で講演し、日露戦争を前に国家社会主義者となり帝国主義を肯定、非戦論に反対していた。

茅野儀太郎は、のち三高教授から慶応大教授となり、ゲーテ研究で有名なドイツ文学者となった。号蕭々。

茅野は鵜飼校長について次のように記している。（『学友会誌』第壱号・明治三六年）

……先生の校にあるや容儀整然一糸乱れず、自ら持すること甚だ高く、宛然たる旧幕時代の師たり、其の威風や夏日の如くにして秋霜の如くならず。……吾人親しく先生と相接すること五ケ年、近づかんとして能わず。……されば、いわゆる学校騒動なるもの起こりしこと前後二回、教師に対して生徒が云々の黄嘴をさしはさむ、もとより其の正邪曲直を弁別する要なしといえども、又如何に血気旺盛の生徒の相入れざりしかを想見するに足らん。……

初代　鵜飼校長
（『清陵八十年史』より）

先生の晩年にあたりて吾人不敏を以て学友会の事に任ず。……先生固く執って動かず。吾人又少理を口にして屈せず。学友会席上に立って其の非を鳴らし、ついに先生をしてこれが弁明をなすの止むを得ざるに至らしめき。……先生嚇怒の余、学友会総裁の無上権云々の弁を弄す。……吾人はこれを満校の同情に訴えて総裁廃止の議を呈出し、殆ど卒業を睹して之を争えり。学校の騒乱や思うべし。……

前記藤森は次のように記している。(『学友会誌』第七号・明治四一年)

……学校創立当時、生徒もいわば訓練なき烏合の衆であって、未だ校風を成す程に有力な思想の統一はなし……僕等の入学したのは実にかかる状態のときであった。校風と云うべきもののない混沌たる時代……

凡そ国家創建の当時は人民慓悍にして殺伐革命の血全身にみなぎるのが常である。吾校の当時も之に酷似して居った。短袴弊衣敢えて意とせず、権勢威力何かあらんという風であった。かような生徒にして先生を解せず、ために常軌を逸する者が往々にしてあった事は悲しむべき事であった。実に一人二人迷えば、全校之に雷同すると云う調子で、一時頗る危険な潮流がみなぎっていた。……

第五節　中島体制の下で平穏化

今井、茅野の後を引き継いだのが、一年生のときから決議機関である常議員をつとめて、学友会苦難の経過を知り、得意な撃剣部の副部長であった「文武両道の達人」中島喜久平であった。中島は、今井から「有為ノ会長ヲ得テ其ノ手腕ヲ振ルウ、今後益々其ノ功績ノ大ナルモノアラン」と期待されたが、それは全校的な期待であったかも知れない。

もともと慎重で協調的な中島は、前年暮れ病没した謹厳な鵜飼校長に代わって着任した、快活磊落で生徒の主張を受け入れようとした校長寺島伝右衛門の下で「敏腕」の学友会長としてそれまで実現できなかったいくつかの生徒の要望を実現させた。（表1）

二代　寺島校長
（『清陵八十年史』より）

またそれまで学友会では歴代会長が『記事』『会誌』を残していたが、文筆を愛した中島は、「論説」「文苑」をふくめた『会誌』の刊行を構想し、当分それまで年々刊行されていた『諏訪青年会誌』の利用を考えていたが会の財政が許さなかった。それが実施されたのは弟真次が学友会長になった翌年のことで、以来中島は

一高・東大在学中連続寄稿して後輩を激励することになった。それを中島の遺稿として本書に付することにした。

中島はその学友会に於ける足跡を『会誌』第弐号に自ら筆書で記している（資料2）が、そこには撃剣部副部長としての中島の活躍とともに、外員（先輩）である高師在学中の小松久夫・一高在学中の元学友会副会長茅野の「心配尋常ならず」と記されている。中島の時代に「自治」の校風は、その基礎がつくられ、学友会の幹部間に浸透していったといってよいであろう。

中島の在任中友人小平の「自治」の実践としての「同（道）志舎事件」があった。慎重な中島は冷静で、当初むしろ批判的であったが、のちには協力的な態度を示した。（後述）

中島に代わって三六年度前期学友会長となったのは藤森勇（外語へ）で、副会長は中島の弟真次であった。先ず「校風完成に力を用いる事」を方針とし、談論会では「雑誌発刊」が提議され、総務委員会では「校歌を作る事」「矯風委員を置く事」も決議された。（矯風委員長中島真次）それは前会長中島の意思と前記茅野の意見にもとづくものであった。なお一高在学中の先輩両角（のち丸茂）藤平・前記矢島重郎と茅野は学友会に全国高校『野球部史』を贈って後輩を励ました。

六月からの後期会長には中島真次が選ばれた。そして『学友会誌』第壱号（編集委員吉川晴十―一高へ・藤森勝郎―高商へ・伊藤正夫・大久保愛之丞―高商へ・鵜飼盈治・中村久重）が発刊されたのは任期も終わろうとする一二月末になってであった。

このようにして学友会は平穏化し、「自治」は実践されていった。

表2　諏中学友会の組織と役員（下線正、その下副・前掲『八十年史』『学友会記事』による）

年度	総裁（校長）	会長	常議員 五年級	常議員 四年級	常議員 三年級	常議員 二年級	常議員 一年級	会計員	談論会↓第一部長	野球会↓第二部長	尚武会↓第三部長
明31		今井　行平 矢島　重郎		矢島　重郎	両角　藤平	茅野儀太郎 清水　祐吉	太田　万吉 中島喜久平				
32	鵜飼　初弥	矢島　重郎 今井　行平 辰野　亀男 篠原喜代蔵 両角　藤平	今井　行平 辰野　亀男	篠原喜代蔵 辰野　亀男	清水　祐吉	武井　伊平 中島喜久平 原　輝美	中島　真次 平林　武一	小平　伝七 飯尾　信 小松　久夫 野沢万次郎 菅沼　戒三 青木秋太郎 清水　祐吉	矢島　重郎 今井　行平 辰野　亀男 永田　稠 永田　稠 辰野　亀男	両角　藤平 篠原喜代蔵 青木秋太郎	藤沢　璋蔵 飯尾　信 藤沢安三郎 両角　藤平
33		永田　稠 野沢万次郎 今井　参男 清水　豊次	藤沢安三郎	今井　参男	中島喜久平	平林　武一 小池　千助	青木秋太郎 菅沼　戒三	藤沢安三郎 菅沼　戒三	永田　稠 今井　参男 今井　参男 野沢万次郎 太田　永福	野沢万次郎 篠原喜代蔵 藤沢安三郎 長田　武平 土橋　平一	藤沢安三郎 細川　幸重 細川　幸重 藤沢　猶治
			（以後総務委員・会計委員として各部に分散した）								
34		今井　参男 茅野儀太郎	端艇部長	庭球部長	弓術部長	雑誌編集委	矯風委員		談論部長	野球部長	撃剣部長
			清水　豊次 牛山　伝造						茅野儀太郎 今井　参男	長田　武平 土橋　平一	細川　幸重 中島喜久平
35	寺島伝右衛門	中島喜久平 上田　晴雄	上田　晴雄 小平　権一	原　周司 折井　亮	長田　武平 折井　亮				藤原　咲平 中島喜久平 藤森　勇	折井　亮 原　周司	藤沢門三郎 折井　亮 中島喜久平 上田　晴雄
36		藤森　勇 中島　真次 中島　真次 吉川　晴十	黒沢　恭	原　謙平 両角　政人	春日　幸雄 小池　一郎	吉川　晴十 藤森　勝郎 ほか四名	中島　真次 伊藤　正夫 ほか一八名		藤森　勇 藤森　勝郎 中島　真次 中村　久重	藤森　勝郎 山田　益二 藤森　勝郎 河西　俊吉	丸茂　真次 中島　真次

以上を整理して示せば表2のようである。

この間中島は小平・藤原とともに一高受験のため上京し、見事上位で合格して九月入学した。そして中島は校歌作成に応じ試作として「ああ博浪の」を寄せたのであった。天下の一高に首席合格という快挙を成して「あこがれの先輩」となった中島の歌詞は、後輩にとって「あこがれの歌詞」となっていったに違いない。

「あこがれの先輩」で文筆にすぐれた中島は、その後も後輩たちの要請によって多くの文を『学友会誌』に寄稿して後輩を激励した。

第六節　諏中に「自治」の採用

創立間もない諏中を経て一高に合格した者に岩波茂雄・小平誠一（権一従兄弟）矢島重郎・樋口長衛・丸茂（両角）藤平・茅野儀太郎・細川玖琅がおり、一高自治寮の生活を体験した。これら同窓生（学友会外員と呼んだ）は機会ある毎に母校を訪れては後輩に一高の「自治」を謳歌し、学友会に「自治」を取り入れることを説いた。

一高在学中などの先輩たちが、母校諏中の談論会に参加し後輩を激励したことは、学友会長自筆の日誌（同窓会事務局蔵）に次の記述が見られる。

一高時代の岩波茂雄
（信州風樹文庫蔵）

明治三二年度（学友会長今井行平記録）
小松久夫（注　明治二八年入学、高師へ）、岩波茂雄（注　明治二八年入学、一高へ）等数氏ノ演説談話アリ。
明治三五年度（学友会長中島喜久平記録）
内外連絡方針、先輩諸兄の心配尋常ならず、先に小松

久夫氏あり、後には茅野儀太郎氏あり、よく謀るありしが、未だ確立せず。

この間にも一高在学中などの先輩たちが母校を訪れ、後輩を激励したことは容易に想像できよう。岩波は東大卒業後書店を開業、出版人として独自な「岩波文化」を確立し、文化勲章を受けた。郷里のためにも尽くし、戦時中県下教師のための内地留学制度を援助し、生地中洲には岩波書店全出版物寄贈による「風樹文庫」がある。

ついで一高に合格した中島・小平・藤原咲平の諏中同級の学生、その後輩で一高に合格した吉川晴十・今井文平・土橋力太・今井登志喜らによって「自治」の必要が強調されたものと思われる。

とくに中島は一高自治寮の寮歌「暁寄する」の曲にしたがって校歌募集に応じて「ああ博浪の槌取りて」を作詞して贈り、その後もしばしば『学友会誌』に寄稿して後輩を啓発激励した（前述）。茅野もまた校歌の作詞を後輩から委嘱されて、「境をめぐる山々」を贈った。（前述）

赤沼金三郎
（「長善館物語」より）

なお一高寄宿寮の「自治」制度を提唱したことで知られる赤沼金三郎は、茅野市上原頼岳寺にある「天心赤沼金三郎君之墓碑」によれば、諏訪藩士族の出で、明治一六年上京し、第一高等中学（のち一高）を経て東大文科で学業中日清戦争に従軍し陸軍中尉となり、三〇年卒業して、さらに大学院で倫理学を専攻し、一高講師となり、東京・千葉

の中学で教師となったが、剛直廉潔、世道人心を匡済することをもって自ら任じ、文章を作って卓学雄渾であり、著書に『哲学論叢』などがあるという。三四年病没した。享年三七歳。

赤沼は規則づくめでそれを強いる寄宿舎生活や「兵営」生活を体験し、後進を思う気持ちが強く、明治二八年すでに郡立諏訪実科中学校は発足しその後一高に入学するものがいたから、長善館(後述)でその哲学である「自治制」について郷里の後輩たちにたいし信念を述べたことがあったかも知れない。(関之『旧制第一高等学校の自治寄宿寮創設の経緯とその精神』(昭和五三)参照)宮坂広作氏は跋文で次のように記している。

中島の遺産の最大のものは、まさしく自治の校風確立への寄与である。「ああ博浪」にその理念が歌い込まれていないのは、中島にまだ一高寄宿寮の生活体験がない―あるいは浅い―時期だったろうことを推測させる。鵜飼前校長時代、自治は学校当局がわと学生がわとのあいだの死闘の対象たるテーマであった。諏中創生期に自治のために闘って学校を追われた生徒たちに比して、中島が学校当局と協調しつつ生徒がわの要望を着々と実現させていったのは、彼のすぐれた政治的手腕を示すものであるが、寺島新校長への交代がそれを可能にした客観的条件であろう。分裂気質がつよく、自己の信念をつらぬくためには玉砕をあえて辞さない諏訪人には珍しい柔軟な資質を中島がもっていたことは確かである。

第七節　諏中への通学

中島は二八年郡立実科中学校として開校した諏中に三一年（一五歳）入学し、郡立中学校（三三年）県立中学校（三四年）を経て三六年（二〇歳）卒業した。中央鉄道が開通し茅野駅ができたのは三八年のことであったから、通学は徒歩によるより他はなかった。

同窓会東京支部『諏訪清陵人名録』（昭和五五年）「校歌の誕生」欄に原田福太郎（昭和一一年入学）は次のように記している。

入学した彼は、朝三時半に起きて早朝朝食をすませ、母が味噌をつけて焼いて作ったおニギリ三食分をしょって四時には家を出たこともしばしばであった。矢ケ崎や上原を経て約一一キロの道を諏訪中学へ通った。

中島の住む米沢村埴原田からは、北大塩峠を越えるよりはこの道の方が便利であった。しかし北大塩峠を越える道は米沢・北山・湖東など北山浦各村からの要路であったし、峠路の一軒屋に住む剣術

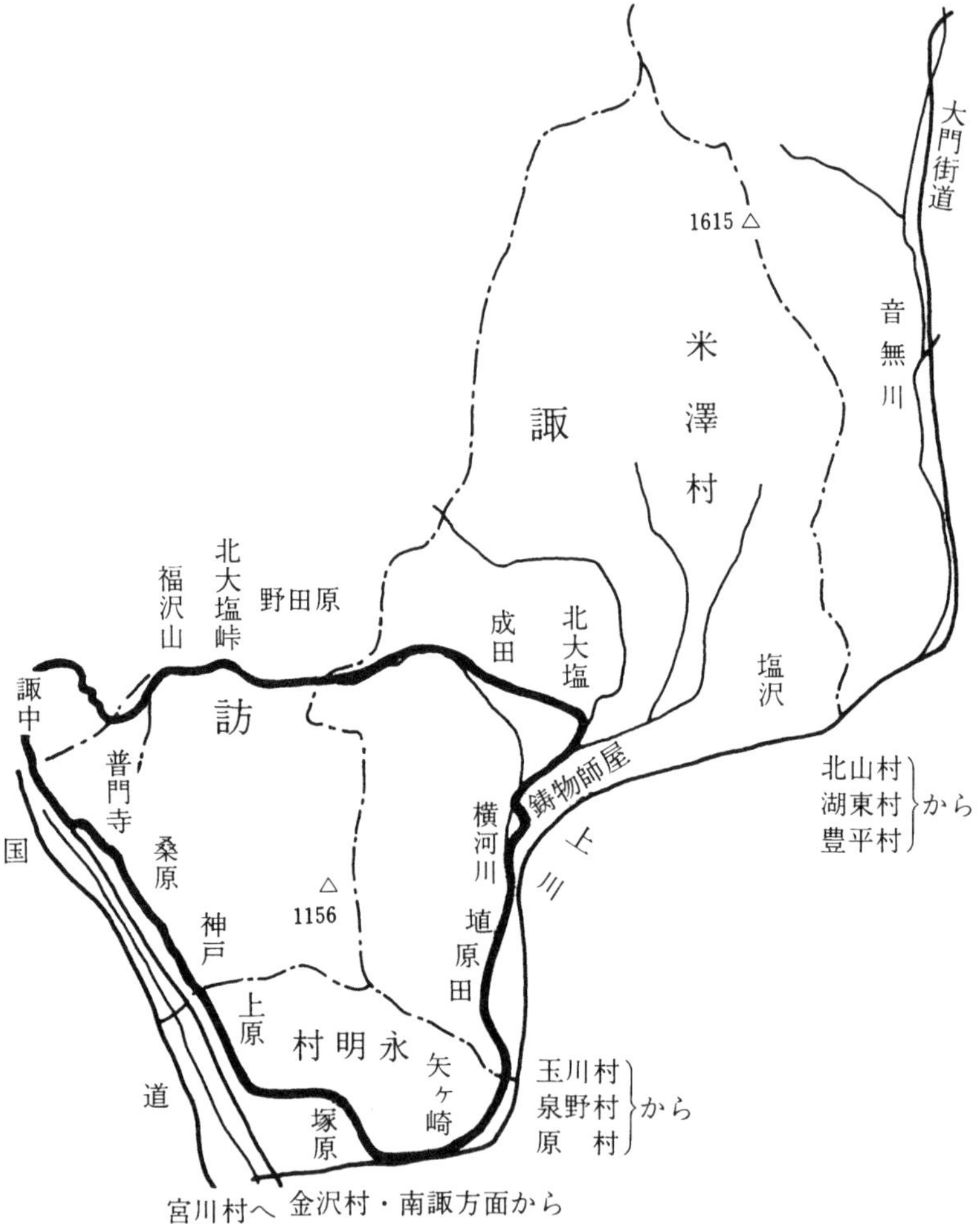

図１　米沢村塩原田から上諏訪町諏中への通学路（大正四年諏訪地図から）
鉄道開通前山浦から通学する路は上原経由か北大塩峠経由の二つしかなかった

表 3　明治年度別諏中入学者の出身地分布（前掲『同窓会員名簿』『諏訪郡治一班』明 38 による）

			28	29	30	31	32	33	34	35	36	37	38	39	40	計	戸数
平坦部	岡谷市	川岸村		2	1	3	3	3	1	2	1	3	3	2		24	561
		平野村	5	3	8	7	7	4	9	8	6	7	14	10	7	95	1430
		湊村		1			1	2		4	2	2	1	4	2	19	656
		長地村	1	1	1	2	2	6	7	4	2		1	4	2	33	426
	下諏訪町		3	4	2	11	7	11	6	3	7	5	8	10	5	82	1118
	諏訪市	上諏訪町	7	9	13	24	13	17	24	22	17	17	17	13	27	220	2212
		豊田村		1	2	1	1	2	2		3	1	3	3	3	22	470
		湖南村	3	1	2	4	7	4		5	7	7	3	4	1	48	635
		中洲村	10	5	8	7		7	12	2	6	1	5	3	5	64	566
		四賀村	3	1	3	2	4	2	5	3	1	2	2	3	3	34	591
	小計		32	28	38	61	45	58	65	53	52	45	56	56	55	641	8009
山浦方面	茅野市	北山村	1	4		3	2	1	3	4	6	2	1	1	3	31	531
		湖東村	3	1	3		1	3	3	6		3	3	3	3	32	421
		泉野村		2	2	1	3	1	1		3	1			2	16	435
		豊平村	3	2	2	2	1	6	4	1	8	4	12	3	1	49	610
		米沢村	7	1	3	3	6	6	2	5		1	7	3		44	420
		永明村		1	2	10	9	6	2	6	8	3	9	5	6	67	612
		宮川村	3	2	5	3	2	4	11	2	1	4	3	9	5	51	810
		玉川村	2	3	5	4	10	9	4	3	6	7	6	4	2	65	762
		金沢村	4	1		2		2	2	1	3		1	2		18	345
	原村			7	6	2	7	5	2	4	3	3		2	1	42	1076
	富士見町	富士見村	2	5	3	1	1	1	2	1		5		4		20	607
		本郷村			2	5	3	3	4	1	5	3		2	1	29	529
		境村	2	2		4	3		5		1	1	1		2	21	424
		落合村	2	2	3	2	2	4	1	1	3	5	1	2	1	34	617
	小計		29	33	36	42	50	51	46	35	47	42	44	40	26	519	8199
郡外（主に伊那）			11	5	9	10	14	26	22	13	26	12	16	17	18	194	—
計																1354	16208

師範漆崎松五郎から撃剣を学んだ形跡（のち諏中撃剣部師範に委嘱し免許皆伝を許された）があるから、その道筋約一〇キロをたどったこともあると思われる。

教育学者の長田新（明治三四年入学）は「僕は豊平村の自宅から往復六里（二四キロ）もある道を通学したので勉強する時間がない。そこで授業が終わって帰途につくとき、歩きながら英語の本を開いて勉強を始め、単語を一つ覚えると小石を一つ拾って洋服のポケットに入れる。家に帰ってみると両方のポケットは小石でいっぱいだった。そうした苦しい勉強がちっとも苦しくなく、却って面白かったのは、夢と理想に燃える青年期の特徴だった」と記している。（前掲『八十年史』）

表４　諏中入学者と卒業者の差（宮坂前掲書）

入学年度	入学者数	卒業年度	卒業者数	中退者数
明 28	72	明 33	4	68
29	66	34	18	48
30	91	35	17	74
31	113	36	30	83
32	114	37	32	82
33	135	38	38	97
34	131	39	35	96
35	101	40	45	56
36	129	41	39	90

開校された諏中入学者の出身地分布を見ると、純農村地帯であり、郡内戸数の半分を占める山浦地方からの入学者はまた半数に近く、農村地帯でもいかに進学を志望していたかがうかがわれる。（表3）

富士見・本郷・落合など南山浦の生徒は三八年の鉄道開通前は徒歩で往復三〇キロ以上のデコボコ路を通学した者もいたと聞いたことがある。「質実剛健」自ずから心身ともに鍛えられたのである。

これらの出身小学校を同じくする生徒は、のちブロック毎に、

また学校毎に地方会を結成した。「伊那会」（明三九）→「上伊那学生団」（明四〇・昭二）「高島学生団」（明四一）「山浦健児団」→「岳南会」「南諏会」などがあった。

のち前記藤森勝郎は「諏訪人固有の思想―醇朴にして虚飾なく、闊達にして堅忍な美風―の発源地とも云うべきは山浦方面であろう」と述べている。（学友会誌第七号―明治四一年）

この当時の卒業者数は、入学者数にたいし実に少ない。中退者が多かったのは「農家の長男に学校をやらせれば百姓がイヤになって後を継がなくなる」考えや多くの家庭の経済事情が五年間という長い負担に堪えきれなかったこと、病気などが主な理由であった。しかし農家の二・三男には「分家に出す代わりに金をかける」考えもあった。しかし、それにも限界があった。（表4）

第八節　寄宿舎の併設と拡張

訪中から遠隔の地や冬期間通学困難な生徒は寄宿舎を必要とした。学校に寄宿舎が設けられたのは実科中学校開校と同時で、以後寄宿生の増加とともに拡張された。（表5）

中島と同級の小平権一は『清陵新聞』「諏訪中学校の思い出」（一九五五）に次のように記した。

私は夏がすぎてから入舎した。山浦地方から通学して居る人々は、秋になると皆寄宿舎へ入舎したものだった。一室二人宛であった。朝七時には起こされてハカマをはいてキチンとすわって舎監の先生の廻ってくるのを待っておらなくてはならない。中には朝寝坊してハカマをつけるのが間に合わず、マエダレの様にヒザの上にかけて座ってゴマカシタ生徒もあった。

……夜七時から九時迄は黙読時間と言って黙って書物を読まなくてはならない。其の黙読時間に声をたてると舎監の先生にしかられた。

中島・笹岡も同様に寄宿舎に入り、付属する湯小路の湯につかる楽しみもあったが、「学校徳育の訓

表5　諏中発展の跡（前掲『学校史』による）

年度	学校の名称	校長	校舎と拡張	職員数	生徒数	内寄宿生	寄宿舎と拡張
明28	郡立諏訪実科中学校	川面松衛	高島学校借用	3名	1学年59 2学年13	20数名	湯の脇に借屋
30			新築196坪	6名	155名		校地内に新築 60.0坪
31				8名	112名	80数名	
32		鵜飼初弥					
33	郡立諏訪中学校		増築110坪	17名	244名		校地内に改築 93.5坪
34	県立諏訪中学校	寺島伝右衛門		22名			
35							再建151坪
40							

表6　諏中と生徒による寄宿舎（前掲『学校史』・小平権一「回顧」による）

		諏中寄宿舎	「同（道）志社」による寄宿舎建設	
			諏訪寄宿舎	東京寄宿舎
設立・期間		明治28～昭和7年 （42年間）	明治36～昭和5年 （30年間）	明治40～昭和20年 （38年間）
設立者		学校（郡→県）	生徒小平権一ほか同志 →社団法人	学生小平権一ほか同志 →社団法人
所在地 （建坪）		湯の脇民家→校地内 （二階建92坪）→（改築113坪）→岡村	手長丘→地蔵寺下（借地260坪・建物45坪）	小石川区林町（植物園近く）
資金	借入	なし	2600円 （寮費で明40年完済）	井上角五郎の出資による
	賛助金	なし	20名前後で450円	不明
寮費	現物	なし	年米14斗・味噌13升・薪23把持参	なし
	現金	一食5銭 （月3円50銭）	上記代年11円の他 月1円80銭	月8円50銭
寮生		約80名　舎長･室長制 最上級生（舎監3名）	明治41年記録 内舎生37名 外舎生（通学者）　30名	小平・中島・藤原・今井文平・笹岡・今井登志喜・吉川・藤森勇・那須浩・加藤完治らと受験生約30名

練所」とする学校側の厳しい締めつけはさらに強化され、日常生活の細部にまで及び「自由がない。われわれにも自治・独立の精神がある」と言う不満があった。小平・笹岡末吉（東洋大専門部へ）ら五名は三五年秋「寄宿舎以外は認めない」学校の方針に反してひそかに脱出して手長丘の民家に移り自炊生活に入り「同志舎」と称した。不退転の決意は校風「自治」への実践であり、学校の方針に反することは放校処分覚悟の行動であった。

中島は、前年秋から寄宿部長を命じられており、慎重な中島は立場上行動をともにできなかったが、趣旨には共鳴しており、のち一高に進学した中島は「東京同志会員」となり『同志社報』（明四〇）に「管見」を寄せている。

おもうに同志社は同志の糾合により成長し、主義の合一を以て前提とす。故に相対して舎監の監督下にあり。相対上観博容的なり。服従的なり、依存的なり。学資其の他副次の目的を排除して考慮すれば、一は舎生相互砥となり刃となりて完全なる人格の域に到達せんとし、他は寄宿舎の金科玉条を主として舎監其の人の感化によりて同一の目的の到着を期す。

四〇年同志会は「同志社」と改称し、資産家井上角五郎の出資によって同年秋には巣鴨に「東京寄宿舎」を完成させ、それはのち小石川植物園近くに移った。

第九節　「自治」の実践――同（道）志社の結成

小平らはかねてから生徒自らの自由な修養・鍛練の心を軽視して、規則にしばられ厳格に過ぎる学校寄宿舎に不満をもっていたが、三五年秋五年生のとき一年下の笹岡末吉らと相談し、学校寄宿舎を脱出して手長丘の民家に移って自炊生活を始めた。行をともにした者五名、植松七九郎（のち慶大医学部教授）らの一年生も入っていた。学校の方針に反した彼らが放校などの処分を受けなかったのは、生徒間に勃興していた「自治」の精神が学校側にも認められるようになり、かつ寄宿生の増加が寄宿舎の増設を必要としていたからかと思われる。

一高時代の小平権一（中央）と笹岡末吉（右）
同志社諏訪寄宿舎落成記念に同志社前で
（信毎『信州の人脈』より）

三七年「同志舎」はさらに温泉寺下に移り、三六年秋上京して一高生徒となった小平は三八年東京に新たに「同志会」を結成

し、諏訪の同志舎は「同志会諏訪寄宿舎」と称した。当時の東京同志会員は上京進学中の中島・小平・藤原・笹岡・今井登志喜（のち東大教授）らの三〇名であった。（表6）

小平を中心に三九年より二五〇〇円の借入金により、同志会員の独力（寮費を積立、返済する）で「同志会諏訪寄宿舎」新築の構想が練られ、岩垂今朝吉・山中助蔵（後述）ら郷里の有力者間を説いて賛助の寄付金も得、地蔵寺下に土地を借り、舎生は進んで地均らしを行い井戸を掘った。小平らは帰郷して寄付金を集め、ついに寄宿舎を完成させた。

小平はのち東大農科を卒えて更に法科を卒え、農林省に入り、経済更生部長、次官となり、農村更生協会理事「農村更生の父」といわれた。長野県農業会長・全国農業会副会長、代議士となった。「同志社」はのち京都の同志社とまぎらわしさを避けるため「道志社」と改められた。中島が「ああ博浪」とともに『学友会誌』第壱号に寄せた「郷健児に呈す」は次のように記されている。（前掲『八十年史』・資料4）

ああ諏中校風の確立を欲する日久し。寺島校長曰く、馬を逐うて碧流に臨ましむは三尺の童子尚且つ能くす。之をして水を欲せざるに飲ましむるは、聖賢と雖も能くせずと。此に於いて先生頗る寛大の処置を取り、またほぼ諸君の赴く所に任せられて敢て喃々《のうのう》として其の間に容喙せられず。

あわれ諸君は何を以て自ら其の責任を感じ益々特長を発揮して校風の確立を謀らざる。ああ諏中は理想に近き校舎なり。然りと雖もまた之を消極的に観察すれば、昨冬以来軽佻浮薄の士の増加を見ざるか。毛程

の口実を設けて寄宿舎を辞し巷街に介在するの士益々多々となりしは果たして何たる現象ぞや。

諏中の寄宿制度を以て一高に比する、あに多く敢て譲らむ。天下かかる制度は果たして何処にかある。今や完全なる屋宇（注　同志舎をさす）は新たに地をトして建設せらる。五歩に一室、十歩に一室宛然として阿房宮の如し。其の結構毫《ごう》の遺憾あるなし。ああ此の制度を以て此の屋宇を以て何ぞ諸君は籠城の主義を取らざる。


一高寄宿寮における籠城の主義とは、⑴自重の念を起こし廉恥の心を養成せしむ、⑵親愛の情を起こし共同の風を養成せしむ、⑶辞譲の心を起こし静粛の習慣を養成せしむ、⑷衛生に注意し清潔の習慣を養成せしむの四大綱領を掲げていた。

この「自治共同」の精神は、一高寮歌「ああ玉杯」の一節「栄華の巷低く見て」の詞にも見られるように、世俗を超越するものであった。

第十節　矯風会発足

中島・小平らによって確立したかに見えた「自治」「質実剛健」の校風をさらに引き締めるため、中島のあとを受けて学友会の正副会長となった藤森勇と中島の弟真次は、三七年矯風委員会を発足させた。

三九年東大法科在学中の中島は、この矯風会にたいし後輩たちの要請によって「生徒間の制裁」なる文を学友会誌第四号に寄せた。（資料10）要旨は次のようであった。

……そもそも本問題の如きは極めて慎重なる態度に出でて、科学的に一点非難のない様に立論せねばならない。……大略制裁の種類を述べれば、先ず第一は生理的制裁である。母に飛んだ心配を掛けて不孝の罪穴にでも入りたい気がする。第二は即ち法律的制裁、第三は宗教上の制裁、第四は与論の制裁、第五は良心の制裁である。……

生徒間の制裁が其の性質に於いて与論の制裁に属する。……制裁委員が私権をほしいままにし偏頗や空威張りを敢てし、私憤をはらすの具などにし、また達観の士、ややもすると、其の行事奇に類し、或いは唱

うる所極めて正しくとも鉄拳をふるうが如きは、実に非常なる罪悪である。……

次に生徒間の制裁の方法であるが、或いは鉄拳をふるうてこれを乱打し、或いは正義を説き友愛の真情を以て涙のうちに極諫する。或いは口を極めて醜行を痛罵し、衆人環視の間に誹毀する。しかし原則としては道理を以て諄々説き、前非を悔いて将来を慎しましめる方法が穏当である。国家における法的制裁の発達上からも報復的なるは比較的初歩の時代に属している。また永久的に団体以外に放逐する事は生徒の権限内にはない。校長との相談上成り立つ事である。

生徒間制裁の効果であるが、一方に於いては威嚇によって破廉恥的傾向を制馭し、他方においては生徒間に厳然たる制裁ある事を示して団体の目的方針を強固ならしむるものである。被害者はその悪行が決して生徒間に看過せられざりし満足を得るのである。……

……敢てこれを以て投稿の責めをふさぎ、余輩に多大の望みを抱ける雑誌部委員にたいし、その望みに添わざるを悲しむ。


しかしその後明治四四年五月、学友会の事務を教師の側に一任する件が役員会にかけられ、会長以下各部長にいたるまで教師が任命されるようになった。その結果は生徒から校風を憂える談論も出なくなったが、一年半後再び学友会は生徒の手に返されて、再び「自治」や「質実剛健」が論議されるようになり、ようやく生徒に活発さを取り戻すことができたという。元校長三村秀夫氏が記しているように、まさに「自治こそ生命」であった。（前掲『八十年史』）

第二章　「幻の人」中島の人間研究

第一節　生いたち

中島の出身地は筆者の住む茅野市米沢の埴原田であり、そこには改築されたが生家があり、菩提寺「紫雲寺」には中島家の墓地があり、墓石には「瑞雲院法誉誠心雪窓居士　没年　三二歳」と刻まれている。

中島は明治一六年（一八八三）六月七日米沢村甲十六番地に父平作（二二歳）母すわ（一八歳）の長男として生まれた。父平作は、士族であった祖父縫右衛門、祖母きちの長女りかと婿久品を両親とし、明治一二年一八歳で長野県尋常師範学校を卒業した教員であった。（図2）翌一三年自由民権と国会開設を目的として松本に生まれた「奨匡社」の社員（県下で約千人）に同郷の小平邦之助（権一の父）とともに参加した進歩的な教員であった。

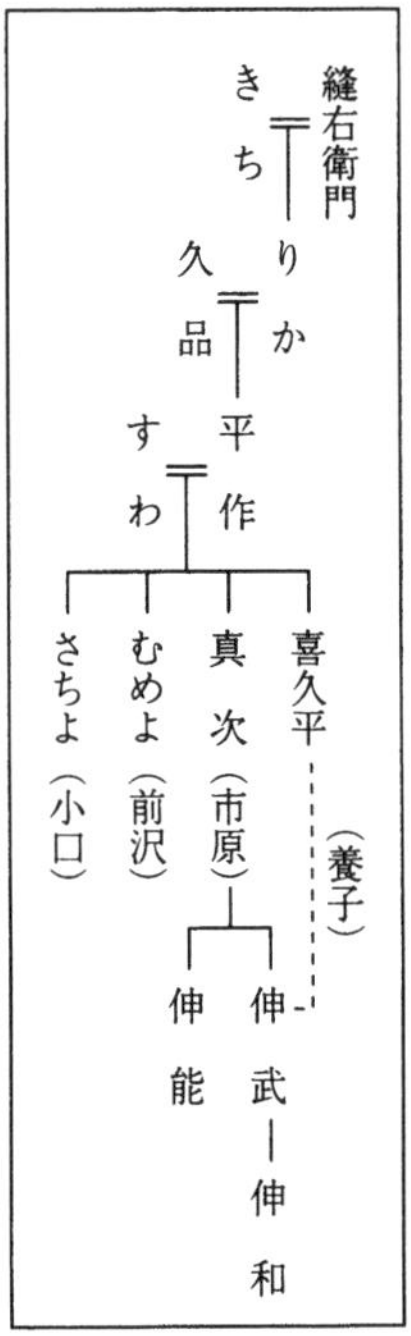

図2　中島家家系図

埴原田中島家の前庭に立つ巨大な「中島先生頌徳碑」は、大正一二年（一九二三）父平作六二歳のとき文部大臣

表彰を受けた記念に建てられたものである。撰文は平作と同郷の友人で、諏中の大旆「百万人ト雖モ吾往カン」の筆者石門道人・両角恭四郎の手による。それによれば平作は一三年北大塩学校（現米沢小）訓導から矢ケ崎学校（現在なし）に転じ、一九年（二五歳）乙事学校（現富士見町本郷小）中村学校（現湖東小）永明・茅野（現宮川小）原・泉野の各学校を経て晩年再び米沢小へ戻った。地域教育に尽くすこと四四年、門人故旧二千余名の拠金によって建てられたという。門人とあるのは、平作が学校教育だけでなく、地元の青年会の夜学など社会教育にも尽くしたためであろう。

三三年泉野尋常高等小学校校長だったときの給料は二七円であった。当時の教員給は村費支弁で、その額は据え置かれたままであったようである。当時の米価は石《こく》（一五〇キロ）あたり一三円前後であったから、現在では約九万円にあたる。それに農事から得られる自給自足に近い食料が所得であったと思われる。

母すわは、玉川村(現茅野市)荒神原田祐造三女で一五年平作に嫁いだ。小柄だが利口な婦人であったという。

四人の弟妹があり、田舎としては恵まれた家庭環境に育ったといえよう。

中島家の族籍が士族であったのは、米沢小学校保管の学事書類にも記されている。この士族は城下町上諏訪から隔たっていたが、北大塩峠を越えて往復できる米沢に、とくに多く見られる「半農半士」、下級の「散居武士」だったと見られる。

中島がひそかに「士族たる誇り」を持っていたのは、一高在学中の日露戦争当時『学友会誌』第弐

号に寄せた「須らく自奮すべき所以を論じ併せて諸子が輓近の行為に及ぶ」の次の文からも知ることができよう。

……家伝つたうる所三尺の秋水、西戎駃舌《けつ》の頸血にちぬる。壮士何ぞ満腔の雄心に堪えんや。……床前光は寒き日本刀、夜気を吐きて鏘《しょう》然鳴る。……傲然長刀を撫して壮語するは、これ勇者の所為と云うべけむや。……

第二節　神童のほまれ

中島の弟真次の子で、中島の甥にあたる市原伸能氏（昭和一九年諏中卒・山梨工専へ）は「父から聞いた記憶では三歳で百人一首をそらんじた」と筆者あての書簡で記している。

明治二三年、学齢に達した中島は北大塩学校埴原田派出所（のち分教場、現在なし）に入学し、三年からは本校に通った。

『創立百二十周年記念誌米沢学校の歩み』（平成五年）によると、教師は訓導三名、授業生（補助教員）一二名で授業料は月約一四銭（前記換算で約四八〇円）が徴収され、就学率は低く中途退学者が多かった。試験成績のよいものには褒賞として平均九〇点以上の者には二〇銭（前記換算で約七〇〇円）が与えられた。尋常科は四年制で、三〇年設置された高等科は前半二年のみであった。

読書の好きな中島は褒賞金をもらって好きな書物を手に入れ、読書にふけったことであろう。中島はのちに『偉人公爵伊藤博文』（資料16）など四冊の児童啓蒙の書を著したが、その内容は中島自身の幼い時からの「心がけ」そのものであったと思われる。

伊藤は貧乏な百姓の家に生まれ、早くから読み書きの好きな孝行息子の評判があった。愛するわが子の出世を願う父は伊藤を寺にあずけて武家奉公に出た。寺では利発な伊藤は和尚に可愛がられて学問の教えを受けた。そして出世の糸口をさがして足軽より身分の低い家に養子に入り、口うるさい姑のいいつけを守りながら塾に通って勤学を怠らなかった。浦賀警備の従卒に加えられ、学問好きが認められて上司から特別に教えを受けた。郷里に戻ってその上司の紹介で吉田松陰の門に入り、学問にも人物にもさらに磨きがかかった。

伊藤は尊皇の志あつく、皇室を廃そうと画策した国学者を斬り、外国公使館焼き打ちに参加するなど行動派で、やがて藩主に認められて士分にとりたてられた。その内命で水夫を志願してイギリスに密航し、目をみはるばかりに進歩した文物にふれ、ロンドン大学教授の家に学び、日本は早く鎖国を解いて開口にふみきらねばならぬことを痛感した。下関の外国船砲撃事件を知り、急ぎ帰国して必死に藩主に進言して藩内攘夷派の反感を買ったが、惨敗して長州は開国派が主流となり、倒幕に向かって走ることになった。伊藤の頭の中には常に国家と皇室があって私心はなく、それが自身の栄達を招くことになった。

さような豪い人になるには如何すればよいか。勿論生まれつきもあろうが、主に幼い時からの心がけ――平生の心がけが肝要である。朝明けの明星がまだ光を失わない中からはねおき、夜は隣家が寝静まって聞こえるものは犬の遠吠えと谷川の流ればかりという頃まで学問を励み技芸を磨き、有益なことは脇目もふらず一心不乱にする。皆国家の為一身の為と考えたら、実際に行って行けばよいのです。

第三節　小学校時代

中島は尋常科二年までは塩原田分校に通い、北大塩の本校で小平と同級生となり、高等科前半二年を卒えた。

当時の学校の様子について前掲『米沢小学校記念号』に次の手記がある。

分教場は一、二年併せて一つの教室で教えられていた。二学級で約二十名位だった……先生からはいつも本校の者に負けるなと云われた。本校に行くのは年に一回の身体検査と三大節（注　元始節・紀元節・天長節）の祝賀式に行く位だった。（明三七入学伊藤直一）

本校々舎は南向き二階建、中廊下、障子学校でした。……当時まだ米沢の里へは電灯が入っていなかった。生

明治 26 年北大塩尋常小学校卒業記念
前列右から小平権一、一人おいて中島喜久平
中列中央　校長両角周作
後列右から四人目授業生五味作平（のち米沢村長）

徒の机・腰掛けは二人用で、五年生の時は三人用でした。鉛筆や鞄は高学年だけ、低学年は石板に石筆、風呂敷を用い、お弁当はムスビ弁当箱も流行した。通学には自家製のゾウリをはき、良い家庭の子供は麻裏をはいていた。雨の日は傘に高下駄、雪の日は雪靴（注　ワラ靴）でした。雨の日等は多くハダシで歩いたものです。（明三九入学帯川藤一）

また笹岡が前記『米沢小学校記念号』に寄せた手記では、当時通学の様子を次のように記している。

その頃は、どの家にも時計がなく、何をするにも頃合いを見計らってやるので、学校に遅れて登校する子も多く、決められた時刻もなかなか守られなかった。村でどこだかの家にだけ時計があり、道端からその丸い時計をのぞいて時刻を確かめた。

児童はみんな今のように立派な洋服ではなく、粗末な着物を着ていた。学校で大きな遠足というと諏訪湖一周などあったが、着てゆく着物がなかったり、もも引きがなかったりで、遠足の日取りがなかなか決まらなかった。

四年生の時、学校で先生が「清国という国と戦争が始まった」という話をしてくれた。そのあとで「日清談判破裂して品川乗り出す吾妻艦、続いて金剛・浪速艦、国旗堂々ひるがえし……」という歌を、大きな教室で習ったことを今でもはっきり憶えている。

「小学校時代、村役の人たちが寄って金の勘定が合わず困っているのを見た中島は、数学の知識で即座に解いて見せて村人を驚かせた。諏中から一高、東大へと進んだが何時も首席を争った」（伊藤功『藤森修斎先生のよもやま話』平成二年）「村人からはいまに天子様の次に偉い人（注　伊藤博文のことか）になると期待されたと父（真次）が語っていた」（前記市原氏書簡）という。

だが一高在学中明治三七年『学友会誌』第二号に寄せた「寒夜の読書」で見ても秀才中島も努力の人であったことがうかがわれる。（資料5）

第四節　中島の中学時代――撃剣で免許皆伝

中島は前述のように心ひそかに士族である家系に誇りをもち撃剣に身を入れた。三四年二月学友会は、米沢村北大塩の峠道に住み、峠の盗賊を退治したうわさのある田宮流師範漆崎松五郎を撃剣部の指南役に依頼した。それには中島の主張が大きかったものと思われる。

中島は同年四月第三部（撃剣）部副部長に選ばれ、一一月飯田中学と試合して辛勝した。第三部は翌三五年一月には二週間始業前寒稽古を行ったが、その初日中島ら一〇名は常置選手に指名され、鵜飼校長から竹刀一本ずつを授与された。

五年生となった中島は学友会長とともに第三部長を兼ね、五月再び飯田中学と試合したが、今度は惨敗した。同年七月のこの惨敗では時勢に遅れると、中島と副会長の上田晴雄（早大へ）は京都の武徳会に派遣され、中島はメダルを得て帰郷した。このメダル制度を諏中にも設けたいと学友会長の中島は提案し実現に努力した。一一月初の県下中等学校運動会が長野の師範学校を会場に開かれ、諏中は中島ら五人を送ったが敗退した。翌日帰途松本中学との試合には勝利をおさめることができた。

中島はこの間撃剣の腕を上げたらしく、卒業前の三六年一月には漆崎師範から「右一巻形目録条々

ノ者、先師伝来之秘授ヲ為すト雖モ執心ニ依ッテ相伝セラレ候。免許以前ニ之無ク他言有ル可カラザル者也。後証ノ為件《くだん》ノ如し」との田宮流免許皆伝を受けた。

中島の学友会長在任中の業績は、借り入れた端艇の料金値下げ、借り入れ数増加の交渉、創立記念式に山路愛山講演の実現、会則を改正してあらたに庭球部・弓術部の設置、内外員（在校生と同窓生）の連絡強化のため、会の財政事情から東京長善館発行『諏訪青年会誌』（後述）の利用をはかったことであろう。この雑誌利用の案は、翌年度『学友会誌』の発刊をうながすことになった。（前述）

野球部は学友会発足以来五年にして飯田中学との対外試合に初めて圧勝することができた。六月学友会は郡内の小学校に呼びかけ、野球大会を開き一一校が参加した。のち諏訪教育会に引き継がれ、野球熱は年々高まって昭和三年まで大会は三六回を数えたという。しかし撃剣部の松本中学との対外試合は敗れた。中島は「ああ外征は財政の困難を伴う弊に陥りしは、深く会員に謝せざるべからざる点なり」と会長日誌に記した。

同年四月諏中を卒業した小平・中島・藤原が一高受験のため上京し、七月帰郷するのをまって「同志社」在舎中の笹岡は、中島に書簡を送ったが、その返書（清陵同窓会蔵）は筆者が見ることのできた唯一の中島の書簡で、実力者中島と事に処するその慎重な態度がうかがわれる。（口絵写真）

第五節　地域との交流

地域のエリートとしての彼らは、かつて小学校の同窓生だった在村の青年たちにたいしても接触交流をもっていたことを知った。私と同じく『米沢村誌』編集委員の土橋清志氏が、整理していた鋳物師屋郷倉の古文書のなかに、中島・小平の書いた雑誌を発見したからである。

当時会員一五人の青年会「丁酉《ていゆう》会」の機関誌三三年編集の『深山の璞《あらたま》』に、諏中三年生であった二人の寄稿文が載っていた。二人にしろ一年後輩の笹岡にしろ、のちに郷里後進育成のために尽力したことを思い併せ、さらに「夜学会」で学んでいた在村青年の学力の高さと一五人の少数会員で「炭焼き」をして蓄えた資金にムラ内の賛助金を合わせ、当時の青年たちがあえて高額な印刷に付し『璞《あらたま》』―磨けば光る玉―と名付けた意気に接して感激をおぼえた。

中島「岩間の桜」は美文調に記されているが、「再び名利をあらそい、権貴にこぶる人の世とはなりける。知れ殊勝なる桜の花よ、かれもまたかかる小天下に苦悩齷齪《あくそく》たるものなんや」と結び、小平「手長山冬枯の記」もまた「実に日月は人を待たず、少年の時に学ばずば老いて悔ゆ可し」と慷慨の気をはいた。

表7　米沢村青年会と諏訪郡内青年会の計と平均(郡役所『郡梗概』大正5年による)

町村内部落別青年会		創立	会員数	年齢	基本金	夜学会実施
米沢	埴原田同研会	明19	36	14～26	200円	○
	北大塩少壮会	明21	49	15～30	180円	○
	塩沢以文会	明27	32	15～30	190円	○
	鋳物師屋丁酉会	明30	7	15～24	30円	○
郡	計91ヶ所	明10～44	平均91	平均15～28	平均103円	計29ヶ所

諏訪における青年会は、江戸後期からの「若者組」の伝統を引き継ぎ明治一〇年から各部落または旧町村ごとに結成され、事業として植林・造林を行って基本財産とし、道路標識の設置・農作物の試作など公共性の高いものをとりあげていたが、「寺子屋」の伝統を引き継いでか「夜学会」が盛んに行われていた。(表7)

中島の父平作が教職のかたわら居住地埴原田の「夜学会」で講師を受け持っていたが、郷里の「希望の星」中島は東大卒業後病を得て郷里に静養中、その講師を頼まれたと伝えられ、同地の「醇厚社」は財産区のなかで全国的にも珍しい社団法人であるが、その知恵は東大で法律を学んだ中島に発したといわれる。(『茅野市史』下巻)(後述)

第六節　一高に首席合格

中島は、前述のように諏中在学中学友会の要職にありながら常に首席をしめ、藤原・小平も中島に続く成績であった。中島が一高校友会誌に投稿した「覇権掌握論」（明治三八年）に次の文があり、一高がいかに当時の中学生にとって「あこがれ」の的であったかをうかがわせる。

ああ吾が一高が卓然として雲霄に聳立し、幾多の校舎を眼下に睥睨して、群鶏の一鶴を誇称する所以の源泉は、そも果して何処にかある。蛇蜒たる蜻州の地、星羅碁布せる扶桑の群島、小なりと雖も、……居をなす蒼生、五千万、痒序の数、また秋天の星を凌ぐ。其の間に処して、亭々と衆を抜き、光芒千丈、燦たり煉爛たる香陵の聖域は果たして何の故を嶄然として頭角を表すぞ。吾人が作る所の新語は、直ちに滔々として学生界に流伝し、自賛の寮歌は、全中学生徒に由りて聖経視せられ、身に纏繞せる襤褸よりは、仏体の如き光明四散し、皆、鞠躬罷強、兀々鑽、其の一員たらぬ事を希いて造次も、顚沛も忘るるなし。

小平は次のように記している。（『信濃教育』昭三八年「友人藤原咲平君」・前掲『八十年史』）

私の同級生中島は非常なる秀才であった。小学校でも中学校でも卒業まで一番であった。数学、国語は勿論、体操、習字、すべてが衆に抜きんでていた。

中島・藤原と私の三人は東京の第一高等学校へ入学することにした。小生はひと足さきに上京し、藤原君と中島君はいっしょにあとから上京して来た。そこで三人は本郷三丁目にあった長善館に入館した。……

長善館では三人とも猛勉強をした。食べ物はなるべくやわらかいもの、たとえばパンを牛乳で煮たものなどをとり、そして便通にも気をつけた。そのころは電灯はなくランプであった。ランプの掃除は小使がしてくれた。三人ともおそろしく勉強家で、どんなことを聞かれても、知らないことはないほどになった。しかし、おりおりはいっしょに外出もした。天下の第一高等学校と

諏中出身の一高生（林健太郎『今井登志喜』昭和59年）
前列右から小平権一、藤原咲平、中島喜久平、土橋力太
後列右から吉川晴十、今井登志喜、今井文平

いうところを見にも行った。また散歩に出かけ新橋のあたりにも行った。

そのころの入学試験は、全国同じ問題で、成績の順により第一高等学校から第七高等学校（現鹿児島大）までの席次を定めた。すなわち、一高に入学できなければ二高（現東北大）に、次は三高（現京大）にと、成績順で志願により許可されたのである。したがって、官報に全国の高等学校が発表されるのである。

試験は明治三十六年七月一日から十日間ばかりであった。後で三人で試験の問題をくりかえしてみた。自分は数学はできたが、スエズ運河の問題でレセップスを忘れたことがくやしくてたまらなかった。……

一週間ばかりののち三人で帰郷することにした。三人とも成績に自信はなく落第と思い込んで皆きげんが悪かった。……翌朝は早く宿（注　甲府御嶽）をたって富士見までいっしょに歩いた。ここで分かれて小生は父の校長をしていた本郷村の立沢に立ち、中島は米沢村の自宅へ、藤原は上諏訪の自宅（注　角間新田）へ帰った。三人とも落第ときめていたので、大いに一年間勉強して来年こそ一高にはいろうというのが別れのことばであった。

しかるに八月十五日ごろ役場に官報を見に行った。どうせだめであるが、それでもといちばん最後から順々に見ていく。半ばごろまで見たがない。も一度とまた終わりのほうから見たがない。案の定だめと思いつつはじめのほうをくって見た。驚くなかれ、あった、あった。中島君は最優等で法科の一番にはいっているではないか。藤原は理科の二番で、小生は工科の十六番で、皆めでたく合格していた。あとで聞けば、二君も同じに尻のほうから見たとのことである。これで、いよいよ第一高等学校の学生として、寮生活にはいることとなった。

明治三十六年九月二日、我々三人は長善館を退館して向ケ岡の寮にはいった。……二十畳敷ぐらいの勉強

室には、五燭の電球が六ケ所についており、寝室（同じ広さ）には一つだけである。……一高生は、皆寄宿制度で全部が寮生活を送らねばならず、藤原君もまたその例にもれずがまんした。……毎晩のストームだ、やれ賄征伐だとさわいでいることの仲間入りは、きわめて迷惑のことであったのである。……

この時代は、大学生などの寄宿舎がなくて困った時代であった。……上諏訪の同志社と同じように、東京にも同志社を造る必要を感じた。

この文に見られるように、当時の入試制度で最難関の一高の入学成績は全国受験者中の順位を示すことであった。当時旧制高校の受験は同日同問題で、複数校への出願が認められ、多くの受験生は一高を第一志望とし、他の高校を第二希望としたというから、小平の記したようなことも言えたわけである。中島・藤原が一高に一・二番で合格したということは、全国受験者中で一・二番だったということで、彼らの努力と当時の諏中生徒の学力の高さがうかがえる。

なお藤原咲平は東大卒業後中央気象台に入って天気予報の業務に当たり、また台風の渦巻について研究し、気象学の発展に貢献した。「お天気博士」と呼ばれ、測候技術官養成所（現気象大）主事、東大教授を兼ね、のち中央気象台長となった。郷土の後進育成に尽力した。

また同志社の東京寄宿舎は、寄宿舎がなく下宿を必要とする大学生を主としたものであったらしい。当時東京の下宿代は二五～三〇円が普通であった。それは中島・小平の父たちの月給に相当する額であった。

藤原は、のち早世した中島の死を悼み、次のように記している。（藤原咲平「中島喜久平君を哭す」『諏中学友会誌』大正四年・資料18）

中島は稀代の秀才であった。又勇武絶倫なる剣客であった。……この文武両道の達人を誰か其の三十三歳の短折に於て弔することを予期せんや。……声も大きかったし意気の盛んなる事も類がなかった。すべての面にこれという弱点とてはなく、何から何までも強かった。余の如きは彼を恐れ彼を敬する一人であった。……

中島は一高の法科に進んだが、自身は文科を望んだものと思われる。一高在学中『学友会誌』第二号（明治三七年）に寄せた「呵々録」には次のように記されている。（資料7）論文を好まない者が法科を選ぶはずはない。

我に好む所あり、……只我はこれによりて安心立命を得んとするなり。我の好む所は作文、読書の二也。我は十二、三歳以来文章を作る事を好み、殆ど筆を擱きしことなく作れども、比較的進歩せざるは、わが天資の致す所如何ともしがたく、到底文章を以て天下を風靡し、筆の文《あや》を以て鬼神を泣かしむる事は能わずとも、我は天分なりとて失望せざるなり。

文章の中にても好むは抒情文もしくは叙事文にして、論文は好む所にあらず、読書は感情に訴うるものを

好み、理性に訴うるものは少しも好まず。我は学事復讐の余暇文を作り、書を繙《ひもと》くを以てこよなき楽しみとなし、未だこれを廃せし事なし。……

しかし文科では将来の身分が不安定であり、確証はないが「法科万能」を信ずる父平作の希望にしたがったものと思われる。

宮坂広作氏は、かつて筆者に寄せた文で次のように記している。

……諏訪中学生徒会誌に載せられている中島の詩文からは、法学士としての論理性よりも、明星派の文人のようなセンチメンタリズムが見えてくるように思われる。明治三〇年代の歌壇の主流であったロマンティシズムの影響を多分に受けていたのであろう。中島は勇武を愛する剛の人であるようにふるまっていたかのごとくであるが、或いは内面において孤独な、淋しい気分をもった人だったのではないかと感じたことがある。ただし、彼の文芸的才能については評価をさし控えておきたい。

第七節　一高時代

中島が「勇武絶倫なる剣客」であったのは、心中士族の生まれであることに誇りをもっていたことによると思われる（前述）が、自ら心身を鍛えるためでもあった。

一高在学中撃剣部委員として仙台の二高（現東北大）に遠征し、その記録は「花草鞋」と題して『一高校友会誌』に掲載され、『諏中学友会誌』第三号にも寄稿された、さらにのちその文は『向陵誌』に収録された。（資料8）

中島はとくに文才に優れていた。『一高校友会誌』（明治三八年）には安達太郎教授が「唯予の感嘆して休まざるは、中島君が辞頗る重くして、時に天外より来る奇語を聴く事一再ならざるにあり。ああ君も亦彼の所謂天才なるもの乎」と称賛していることを記している。

「諏訪（中）一高会」の地元幹事の前記小川六郎氏（昭和一四年諏中入学）の配慮で元諏中校長小松武平の『追想録』（昭和六年）を同会内に回覧した際、筆者はそれに便乗して『鬼才中島喜久平に関する知見』（未定稿）を同封、検討と資料の提供をお願いした（前述）が、そのうち前記柳沢武康氏からは『一高校友会誌』および『向陵誌』を調べた結果を寄せられた。それによって中島の一高時代を整

理すると次のようである。

年月	中島に関する記載
明三八・三	校友会委員改選あり、撃剣部委員として中島ほか二名選任。
四	「花草鞋の記」
五	「覇権掌握論」
一〇	寮委員改選、朶寮委員として中島ほか一名選任。魚住影雄らによる皆寄宿制廃止論（個人の自由を尊重し人格の敬すべき所以を知って、一日も早く廃止すべきものとの論）が一大波紋をまき起こした時期と重なり、寮委員は苦悩した模様だが、このとき中島が委員として如何なる立場をとったかは不明
一一	一高第一九回野外演習（千葉県大原地方にて）記事中その編成に於いて国防軍第一中隊長に中島の名あり、因みに侵入軍第一中隊長に鶴見祐輔の名あり。
三九・一〇	中島、鶴見の二名、撃剣部校外（大学）部員に推薦される。

中島は鶴見祐輔と首席を争ったといわれるが、寮委員会議長の選出は鶴見に譲ったらしい。それは魚住らの皆寄宿制廃止論に、中島は恐らく反対の立場をとったためかと見られる。常にトップを走ってきた天才中島に、はじめて「挫折感」を与えたのではないだろうか。その後の中島の文には年齢が

進んだためもあろうが、何となくそれまでの溌剌《はつらつ》さが失われたように思われる。
なお鶴見は外務官僚となったが、のち官途を離れ国際理解を喚起するため民間外交推進につとめ、政界に入って衆議院のキャスティングボードを握った。翼賛政治会顧問、戦後進歩党幹事長、厚生大臣。かたわら政治評論・小説などを多数著した。
『一高校友会誌』第一四七号（明治三八年）に、「覇権掌握論」として中島の論説が掲げられ、中島は運動部の覇権掌握について提言を試みている。（資料9）

……其の意味する所は、如何にして覇権の掌握を維持すべきかに在り、如何にして覇権を掌握すべきかに非ず。……

余、南信鵞湖の畔より鹿鳴を歌うて人烟る帝都に遊び、三尺の氷刀幸いに難関を撃破して此の聖域の人となるや、我校が稜々として……他校の之を崇拝する、猶北辰の其の所に居りて、衆星の之に拱《こまぬ》うが如き所以……

……輓近運動界の消息に於いて見るも……覇権掌握の策を論及して其の障害を指摘し、之に対して薬を投ずるは強ち贅言にあらざるを信ず。

一高撃剣部中央塩谷温部長、その左中島喜久平（中島家蔵）

第八節　東大時代

中島は明治三九年（二三歳）一高を卒え、東大に入って四一年（二五歳）卒業した。前記原田福太郎のメモによれば、中島は同級生で親友の若尾謹之助の世話で、若尾財閥が経営する東京電灯㈱（のち電力）でアルバイトをしたようである。若尾財閥は謹之助の父逸平が横浜開港とともに生糸などの貿易にしたがい、製糸機械を発明して製糸業にもしたがった。紙幣乱発による価値下落の利用、生糸の買い占めによって巨利を得て大地主となった。のち横浜正金銀行取締役となり、若尾銀行（現山梨貯蓄銀行）を創立した。東京馬車鉄道・東京電灯㈱の支配に成功若尾財閥を築き、甲府市長・貴族院議員にもなった。中島はアルバイトの縁によって東大卒業後、同社に入社することになったと思われる。中島は東大在学中の四〇年『学友会誌』第六号に寄せた「諏峡文化優劣原因論」で次のように記している。（資料11）この「峡」とは若尾本家のある甲州峡北（中巨摩郡）の地をいい、中島は謹之助に招かれて、この地に遊んだらしい。その中で郷里諏訪のことを次のように記している。

東大在学中の中島
（中島家蔵）

古人も晴耕雨読といい、或いは雨そぼふる日と夜と冬を三余といって読書の期としている。諏訪に於いては、厳冬は肌膚鱗甲を生ずなどといって、まるで天賦の清閑の様に考えて、いわゆる穴蔵なるものに入って一日二三足、それも自分が孟春盛夏の頃の料にとて草鞋を織る位が関の山で、後は全く植物的生活を送る。ここに一郷具眼の士が慷慨の結果、率先誘導して夜学会とか談論会とか、色々の会を起こして、絶えず青年を覚醒して刺激剤を投じている。始めは遊び半分、父兄へ草鞋織らぬ口実位に見えるものでも、幾分志せば実に豪い者で、蠅が手を擦る間位では眼に見える結果を獲得する事は出来なんでも、積もれば塵も山で、幾歳月の間には渾然として文運に資益する所が大となって来るのである。

この文でいう「一郷具眼の士」とは、生地埴原田で青年会の夜学会を指導した父平作のことを指していると思われる。教育の「蓄積の効果」を見たのである。

また、学友会誌第七号に短歌「くちなし集」を寄稿した。（資料12）

筆者は優秀な中島は、一年後輩の吉川晴十が東大卒業のとき恩賜の銀時計をもらったというから、やはりそうであったと想像していたが、その事実は伝えられていない。また法科だから世間の常識どおり、当然高等文官試験を受け高級官僚への道を進むか、大学に残って教授への道を進んだものと思っていたが、そうではなかった。

第九節　若尾財閥に入る

中島は前述のように意外にも東大卒業後若尾財閥が経営する東京電灯㈱の系列猪苗代電気㈱に入社したのであった。日露戦争後の日本経済にとって工業発展が必要であり、その基礎は電源開発であるという認識を、学生時代のアルバイトを通じてすでに抱いていたからであろうか。

猪苗代電気㈱が猪苗代湖に発する日置川の水力を利用して当時世界的にみても第三位という画期的な発電所（三万七千キロワット）を完成させ、東京田端変電所まで二二六キロの高圧長距離送電に成功したのは、大正三〜四年であった。（『東京電力社史』）

海軍士官候補生折井亮
（『海こそなけれ』より）

中島は猪苗代電気㈱在職中、日露開戦中に海兵に入校、四一年軍艦「松島」に乗組み遠洋航海に出て爆沈殉職した同級生の折井亮の死を悼んで「折井君の遺書」「折井亮君追悼の詞」を『学友会誌』第八・九号（四一・二年）に寄せた。（資料13、14）それは数年後には中島自身に及ぶ運命であった。同時に和歌の「玉蜻集」を寄稿した。発電所工事にたずさわる間に詠んだものであろう。

（資料15）

中島は東大在学中若尾本家に遊び、逸平の目にかない、謹之助の妹婿となることが内定したらしい。中島家には若尾家の家紋「丸に縦三本」の紋付羽織があるという。

若尾逸平の別の女婿璋八は、若尾銀行東京支店支配人から東京電灯㈱に移り、のち不況期の電力資本の中心として采配をふるい、政友会代議士として同党総務となり、犬飼毅の革新倶楽部との合同をはかるなど有力な政治家となる人物であった。

㈠　所謂蔓を論ず

中島は『学友会誌』第一〇号（四三年）に「所謂蔓を論ず」を寄稿した。（資料17）その肩書は日本橋若尾銀行在職中となっている。その要旨は次のようで、意外にも藩閥・財閥・閨閥の存在を否定せず、その善用を説いたものである。

所謂蔓とは、より深刻なる社会的現象に触接せる蔓なり。……根株は即ち元老なり先輩なり。枝葉は即ち後進なり。少壮気鋭の士なり。……社会的蔓の存在は、必然的に社会の存在とその命運をともにす。故に吾人が所論の余地は、ただこれが善用策のみ。

……台閣に列し国家の枢機に折衝する諸公、乃至社会の要路に当たり、実業其の他の方面に羽振り雄々しき諸士、約言すれば所謂成功せる輩は、社会的蔓の善用者に指を屈せざるを得ず。……閥族を中心とせる蔓

其の一なり。人物を中心とする蔓其の二なり。山県系と曰い伊藤系と曰う。……吾人は閥族的蔓の善用すべきを信ず。……それを不公平として除斥せば、満天下の物事、いずれか公平を欠かざるものあらざらむ。……殺活自在の大妙腕は、吾人が双肩に吊さがり居るを悟らざるべからず。……

既に縋りて吊さがらば、吾人は十年鳴かず飛ばず主義を鼓吹せむとす。鳴かず飛ばずとは無為なるに非ず。最も着実にてらうことなく、賤役に従うをいう。余暇あらば中心の修養と健康を蓄積せよ。……いずくんぞ一豎子のグラスホッパー的栄達を許容せんや

前記藤原咲平は、中島の死後『学友会誌』第一四号（大正四年）に寄稿した「中島喜久平君を哭す」で、「大学を出て後の境遇に於いても中島はむしろ供給が豊かで時間にも余裕があった。中島は銀行から帰って後夜業に追われる様の事はなかった」と記している。気象関係の技術官僚への道を進んで薄給多忙な藤原には羨ましくさえ見えたらしい。将来を約束されたエリートサラリーマン中島には、それだけの余裕があり、それが現実に文筆に親しむ余裕を与えたのであろう。

当時すでに藩閥の国家支配にたいする批判から社会主義運動が芽生え、幸徳秋水らの「天皇暗殺」という驚くべき陰謀がデッチあげられて「大逆事件」が起こされた頃である。法律を学んだ中島が事件の真相を知らなかったはずはない。

この文はかつて「ああ博浪」に現れた慷慨の士の変節とさえ思え、面目いずこにありやの感じをさ

え与え、後輩に対する弁明とさえ思わせる。社会に出て挫折感を味わい、協調的な中島により現実的な路線を選ばせたのであろうか。

宮坂広作氏は跋文で次のように記している。

彼の「蔓」論が、閥の存在を認め、これを必要悪とし、高次の目的のためにはこれを活用しようと述べているのにたいし、「ああ博浪」の理想主義＝俗物打破論からの後退変節とみる見解は、あながち誤りとはいえないだろう。もはや学生としての観念論など課々しえない、銀行マン一年生である。……中島は明治末の就職難の時期、いわゆる「高等遊民」時代に、まさに学閥を利して就職し、将来は閨閥につながる可能性もあったと伝えられている。しかし中島は志を放棄したわけではない。志を内に秘めて「賤役」に従事しつつ、実力涵養に努めて他日を期すという雌伏十年の覚悟は、現実主義と評される以上のものを伏蔵しているように思われる。

ぼくらのような後輩には、中島は諏訪中学の校風確立に貢献した偉大な先人であり、……不幸にして天折した悲劇の主人公として、伝説的な英雄であり、神秘化された趣きさえある。……伝説・神話の濃い霧の彼方から浮かびあがってきた実像は、生ま身の人間のそれであるから、完全無欠というわけにはいかない。

しかし、その後犬養毅らの「閥族打破、憲政擁護」の運動が全国的に展開され、普通選挙運動を経て、民衆的な立場から社会主義運動が活発化した。のち大正デモクラシーの風潮のなかで諏中からは

藤森成吉・藤田福二・今井博人・有賀勝・小林直人・山田坂仁・林百郎など多くの社会主義者が出たが、多くは不遇の生涯を過ごした事実からは、中島が既存の保守的な社会体制に満足したとは思えない。体制に順応しながら現実的な路線を選ぼうとした中島は早世さえしなかったら、文筆界か教育界に雄飛するか、政財界に進出して、地元が期待したように「天子様に次ぐ偉い人」になったかも知れない。中島は宮坂広作氏がいうように「柔軟な資質と政治的手腕」を示す資質をもっていた。

(二) 財産区を社団法人に

中島の郷里埴原田には、前述したように財産区にはめずらしい社団法人「醇厚社」がある。社団法人はふつうの財産区のように特別自治体ではないから市長の管理を受けず、無税の恩恵も受けている。社団法人は「権利・義務の主体（法人）たることを認められている社団」である。『醇厚社定款』では設置の目的を「農家ノ紀綱ヲ張リ殖産ノ途ヲ議シ且勤倹貯蓄ノ美風ヲ涵養スル」とうたっている。

財産区は、明治一一年町村合併を促進するために、旧幕以来地元農民が野山にもった、採草・薪炭利用の入会権を共有の私有財産として設けられていたが、二二年には部落の公有財産としての扱いになり、四四年町村制の改正を前にして、その既得権が奪われるのではないかという不安があった。埴原田財産区では四三年一月から協議を重ね、その定款は同年三月に成立した。

猪苗代電気㈱で病を得たらしい中島は、四三年冬一時帰省静養したと伝えられる。『醇厚社日記』に中島の名は見当たらないが、評判の高い中島に村人が助言を求めたことは事実であろう。

㈢ 児童啓蒙書の執筆

清陵同窓会事務局には、中島の父平作から寄贈された児童向けの啓蒙書というべき『偉人伊藤公爵』（明治四三年・発行者渡辺鉄蔵・販売所東京勉強堂・大阪修文館・資料16）、『赤穂浪士』（明治四五年・発行者鈴木常次郎・修文館）が保管されている。ほかに『誠忠乃木大将』、『二宮尊徳』も執筆されたようである。いずれも中島が少年時代より尊敬した人物たちであったと思われる。

伊藤は四二年一一月ハルピン駅頭で倒された。伊藤を尊敬する中島は、その国葬に参列したらしく、くわしくその様子を述べ、「同じ死ぬるのなら伊藤公のように国家の為にたおれるのが、お互いの本望というものではありませぬか」と記している。中島はこの頃から文筆で立つ志をもったのではないだろうか。

なお伊藤は維新政府の成立に際し、知事・大蔵大輔、工部大輔を経て岩倉使節団副使となり欧米視察。帰国後西郷隆盛の征韓論を抑え、参議・工部郷・内務郷となり、政変後政府最高指導者となった。憲法取調べのため渡欧、内閣制度・大日本国憲法・皇室典範の制定、枢密院設置など天皇制確立に努力し、初代首相、枢密院議長となった。また海軍拡張により日清戦争に勝利、立憲政友会を組織、総裁となった。日露戦争後日韓協約を結び、初代韓国統監となり、併合を強行し暗殺された。大勲位公爵となって位人臣を極めたことは知られている。

第十節　永眠

天才中島は大正三年八月二日午後二時四五分ついに永眠した。三二歳であった。『学友会誌』第一四号（大正四年）掲載の「覇府柳営帖」によれば、中島は「湘南七里ケ浜の寓居」に逝った。（資料19）

同時に『学友会誌』に掲載された友人藤原咲平の「中沢喜久平君を哭す」は切々と次のように記している。（資料18）

……先夏は都門の紅塵を避けて、片瀬の辺に遊び溌剌の意気と稜々の気骨を養ったのに今夏は病軀を抱いて悠々自適、ひたすら其れが減退を期する身となった。……転地後一旬たらずして遂に逝った。……余は第一に不幸の子となりし中島を哭する。第二に其の希望計画が一も実現せざりし中島を哭する。第三に結婚期を過ぎて結婚せず、遂に一の最愛なるものを得ずして逝ける中島を哭する。ああ憐れにも不幸なりし友よ、余は郷里及び国家のために此の俊英を惜しむ。

中島の「覇府柳営帖」は、前年源氏の覇府柳営のあった鎌倉を中心とした感想を述べ、友人渡辺鉄蔵に送ったものであるが、その頃はまだ「潑剌の意気と稜々の気骨を養う」状態であったのである。見舞った藤原に「誓って直って見せる」と叫んだという。

なお渡辺はヨーロッパ留学後東大助教授、教授を経て実業界・政界に入った自由主義者で、軍部ににらまれて辞職した。戦後東宝社長となり、争議を弾圧、会社側の勝利に終わらせた経歴の持ち主である。

中島の甥前記市原伸能氏は、筆者あて書簡で次のように記している。

……湘南の地で喜久平伯父が息を引き取るまで、献身的な看護を続けたのは、妹のむめよ叔母（前沢）でしたが、そのため叔母は松本女子師範への入学がおくれ、婚期もその妹さち叔母（小口）に次ぐことになっていました。

臨終の何日か前に、私の母親よねも喜久平伯父の病気見舞に湘南を訪れていましたが、その後日母に宛てた礼状の葉書の末尾に辞世の歌と思われるものが記してありました。

私の諏中時代、湯の脇のお蔵にあった古い文箱からこの葉書を発見して大事に保管していたものが、何時かまた紛失しておりました。……

武蔵野にわが白骨を培《つちか》ひて　すみれ一本《もと》咲かせん願い

これが辞世の歌と誰かに教えられたことでもなく、他にそれらしい歌を聞いてもいなかったので、私自身

の判断から、これが辞世の歌であるとしたことに過ぎません。
強い伯父の無念さはいかばかりであったかと思われます。しかしその無念さを越える諦観も切実に感じさせられるような辞世の歌です。……臨終に至るまでの現世の可能性を目一杯生きた伯父の諦観であり、それだけ静かな安らぎに満ちていたもの、と言ってみても、それは血縁の者が秘かにそう願うことの解釈に過ぎないことかも知れません。

急変を聞いて父平作は、中島の転居先に駆けつけた。そして白骨を抱いて悄然帰郷したのであった。

「辞世の歌」についての宮坂広作氏のコメントは、つぎのとおりである。

「すみれ」の花ですぐ連想されるのは、与謝野鉄幹の「星菫調」である。初め「ますらをぶり」「虎剣調」で世に出た彼は、やがて星やすみれに託して愛の賛歌をうたうように変身した。心身壮健だった頃の中島は、三尺の秋水を抜

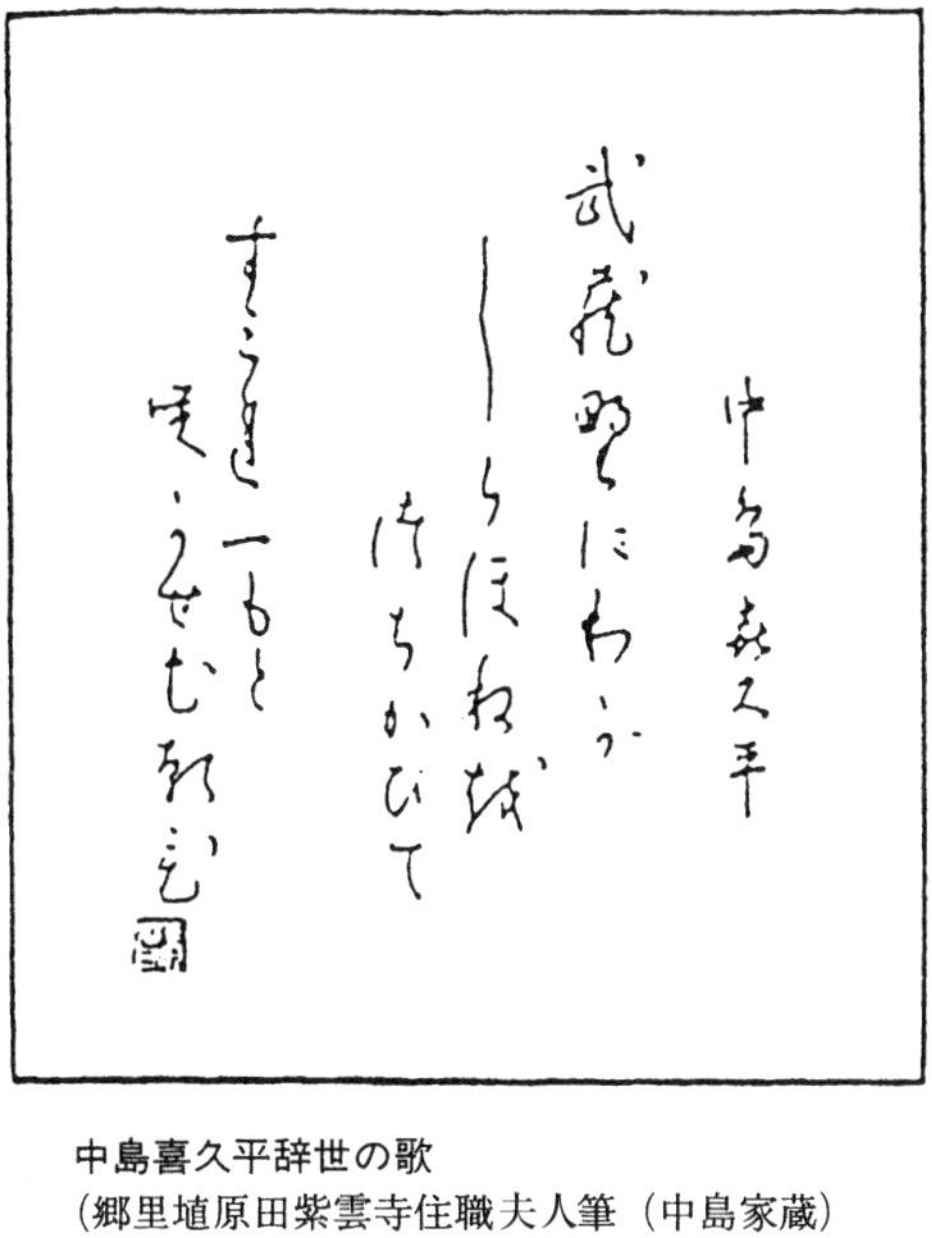

中島喜久平辞世の歌
(郷里埴原田紫雲寺住職夫人筆（中島家蔵）

いて舞う壮士であった。それがいま湘南の客舎に死を迎えつつある。中島が観ている花は芙蓉峰頭一点のそれ――理想と野心――ではなく、国木田独歩の「すみれの花」だった。塵ふかき浮世の巷のさすらいから夢さめて、すみれのひともとを永遠の友とし、こころ静かにひくくへりくだり、あめつちと同化するあの心境である。星菫調でいえば、理想と運命の別れ路に、白きすみれをあはれと泣く懐いである。

本書の表紙は「すみれ」を表わすために濃紺とした。中島没後八十年にして遺詠にいう「一本咲かせん願い」に報いたどうか、心もとない次第である。

第三章　中島以前明治青年の向学心と育英

秀才中島が堂々天下の一高に首席入学した前後、明治初期から大正初期にかけて、諏訪有為の青年たちの向学心はどのようであり、郷里篤志の人々は彼らの進学にどのような援助を与えたのであろうか。

明治時代（一八六八～一九一二）は、日本が幕末の動乱を経て封建制を脱して天皇親政の維新を達成し、西洋の文明開花と産業の振興に追いつこうとした近代化への夜明けの時代であった。

天皇親政の維新政府は、幕末の動乱に功のあった薩長土肥の藩閥出の西郷・大久保・山県・伊藤らの学問と実力のある下級士族出の元勲が政府の重要の地位を占めた。それは家格の上下を問わず、西洋の学問を学んで進取の気性をもち、実力を重んじて、旧来の士農工商の身分と家柄による差別（門閥）に拠った封建制を打破するかに思われた。

その時代の変貌は、有為の青年の前途に希望を抱かせ奮起させるものであった。

第一節　明治諏訪の先人

諏訪藩の微禄の士族出身でありながら実力をもって県令・知事を経て大臣・華族にまで登用された渡辺千秋・国武兄弟や「製糸王」片倉兼太郎や幕末の横浜開港に乗じて貿易に成功し財を成した初代武川又兵衛のような人物もあり、諏訪における成功者の先人であり、有為の青年にとって身近の努力目標であった。

信濃毎日新聞『信州の人脈』（昭和四一～四三）掲載の、社会的貢献があり、日本の近代化につくした、特色ある、それぞれに一家を成した著名な人物（故人）一〇四名中、諏訪出身者は明治時代に活躍し、また育った者二〇名に及び、同書では「諏訪が信州人脈の主脈」だとしている。（表8）

表8 「信州の人脈」登載の著名な諏訪出身者と生時・没年

著名な諏訪出身者とその略歴		幕末	明治時代（一八六八～日清戦争・日露戦争～一九一二）	大正時代	昭和時代
宮内大臣	渡辺　千秋	天保14		大正10	
大蔵大臣	渡辺　国武	弘化3		8	
製糸家	片倉兼太郎	嘉永2		16	
鉄道大臣	小川　平吉		明治2		昭和17
実業家	名取　和作		2		34
歌人	島木　赤彦		6	15	
局長学者	山岡万之助		6		43
出版人	岩波　茂雄		14		21
教育者	藤森　良蔵		15		21
農林次官	小平　権一		17		51
気象学者	藤原　咲平		17		25
陸軍中将	永田　鉄山		17		10
歴史学者	今井登志喜		19		25
教育学者	長田　新		20		36
歌人	今井　邦子		22		
作家	藤森　成吉		25		52
彫刻家	清水多嘉示		30		56
詩朗詠家	木村　岳風		32		27
作家	平林たい子		38		47

㈠ 渡辺兄弟の苦学と育英

前記渡辺千秋は、天保一四年（一八四三）長地村（現岡谷市）東堀の下級武士の家に生まれ、藩校長善館に学んで英才を認められ、幕末勤皇の志士と交わり、明治政府に登用されて地方官となり、西南戦争後の混乱した鹿児島県に赴任して実績を上げるなど手腕を発揮した。謹厳実直な千秋は宮内省に迎えられて皇室財産の基礎をかため、大臣・伯爵に昇進した、弟国武と並ぶ明治諏訪の出世頭であった。そして功成り名遂げた晩年の明治四四年奨学資金として諏中に金一千円を寄付した。学校はそれを基金に年々図書を購入「渡辺文庫」を整備した。（『清陵八十年史』）

宮内大臣　渡辺　千秋（『渡辺三大臣と旧渡辺家住宅』より）

大蔵大臣　渡辺　国武（同上）

前記渡辺国武は、弘化三年（一八四六）千秋の弟に生まれ、兄同様の経歴を経て自由民権運動（それは官僚主義的な薩長藩閥の政府に対抗した）盛んな高知県に赴任、大蔵省に迎えられて大臣を二度歴任（県下大臣の第一号）し、子爵となり政友会の創設にも与かった財政通であり、晩年になっても学問好きで書物に埋まって読書三昧の生活を送った。慶応元年（一八六五）国武は藩校長善館勉学中江戸に赴いて修業したというが、下級武士の子国武にとってそれは苦学であったに違いない。

ついでに記せば、千秋の子で国武の養子となった千冬は、明治九年（一八七六）の生まれで、すでに成功者の家庭に育ったから、苦学することなく東京帝国大学（以下東大と略称）法学部に学んだらしく、のち貴族院議員・司法大臣となる。

この渡辺家の三人はもともとの野人で信念をもち、成功の後は郷里・後進のため尽力を惜しまず、兄弟は在京・在郷の有志とはかり、二二年「諏訪青年会」の設立に、二四年東京本郷に開館された学生寮「長善館」（後述）の建設・運営に尽力し、国武は初代館長を三一年までつとめ、兄千秋に代わった。また子千冬は大正一〇年から長善館長をつとめた。

詳しくは『渡辺三大臣と旧渡辺家住宅』（平成四年）を参照されたい。

(二)　**片倉兼太郎兄弟の苦学と育英**

また前記片倉兼太郎は、嘉永二年（一八四九）川岸村（現岡谷市）三沢に生まれた。安政の通商条約によって、生糸が輸出額の大半を占めるようになると、明治六年兄弟で地道に座繰り製糸から始め

製糸王初代　片倉兼太郎
（片倉興産（株）蔵）

経験を積んでから洋式器械を採り入れ、同業者と共同で「組」を組織して相互に扶助し、勤倹質素を旨として「シルク王国」を築いた。兄弟は上京勉学したことがあり、養子にいった兄五介は渡米し皿洗いなどして苦学した。片倉一族は育英事業に関心をもち、明治三一年松本戊戌学校（のち松商）をつくり、同三八年諏中寄宿舎「同志社」建設（前述）の寄付に応じ、大正五年には東京に図書館や武道場をもつ寄宿舎「明道館」を建設した。

㈢　小川平吉の苦学と育英

小川平吉は、明治二年富士見村神戸に呉服商の二男として生まれ、司法大臣・鉄道大臣（副総理格）を歴任し、次期政友会総裁候補にもあげられた大物政治家であった。神戸の瑞雲寺に併設された学校（四年制）に学んだが、一六年一四歳のとき進学を志して「草刈りに行く」と野良に出たまま上京し、甲府で家人につかまった。のち兄忠作の理解と援助に

鉄道大臣　小川平吉（「射山小川平吉翁をしのぶ」より）

よって、上京苦学しながら私塾に学んでから大学予備門に入り、二五年東京帝国大学法学科を卒えたが、官吏の道に進まず代言人（弁護士）の道を選んだ。のち代議士に当選して政治家となったのである。

小川は郷里の先輩渡辺兄弟に接近し、その後援を受けた。小川は下宿を転々とし焼きイモで空腹を充たしながら苦学し、卒業前年には「諏訪青年会」の寄宿寮「長善館」に身をおいた。そして渡辺千秋のあと明治四四年から大正九年まで長善館長をつとめた。

詳しくは『小川平吉関係文書』（昭和四八年）を参照されたい。

第二節　明治青年の向学心と苦学

明治新政府は近代化への脱皮をはかって、藩閥を問わず、門閥を問わず、西洋の学問を修めた「学士様」を優遇し「学士様なら娘をやろか」といわれた。「皇室中心の絶対主義体制の確立に不可欠な官僚群の養成を目ざした」（宮坂広作『近代日本の青年期教育』）「私立の予備校―大学予備門（高等中学校）という進学コースは東京に局限されていた。地方の尋常中学校増設ブームにたいし、一県一中学の抑制策がとられ、中学校―高等学校―帝国大学という出世コースが確立されたのは、明治二〇年代（一八八七～九六）後半で、地方青年の東京集中を促進した」。（宮坂前掲書）

明治の少年たちは「四民平等」の「立身出世」を夢とし、有為な青年は前途に希望と目標をもって向学心にあふれ、上京進学を目ざしたが、それは当然苦学の覚悟を要するものであった。

しかし、たちまち「大量の高等教育卒業者に優越的地位をあたえ、安定したポストを用意することが困難な状況」（宮坂前掲書）となった。そこに、公私間・中央と地方間の学校格差が生まれ、より優秀さを競う「優勝劣敗」の競争社会が生まれることになり、官学中心の「学閥」を生むことになる。

表9　諏訪出身の学校卒業者(浜惣重編『諏訪人名録』明43・欠落あり)

卒業年度	一　高	東高帝国大学	東京高師	東京高商	東京高工	他私大高専	千葉医専
明治10			渡辺　長謙				
			有賀　盈重				
18			立石兼太郎				
19			五味時三郎			今井　伍助	
			稲垣　乙丙			小松　帯刀	
20						吉川　宗次	
						矢ヶ崎三弥	
						浜　音之助	
						小池　鮮江	
21	守屋　親国						
22	小川　平吉					岩本　伝	
23	小平　保蔵					今井　壮太	
24	赤沼金三郎						
25	渋川　正男	(法)小川平吉	浜　幸次郎	武居　綾蔵		伊藤作左衛門	
	渡辺　千春						
26			矢沢米三郎			増沢幾太郎	
			寺島伝右衛門			小平　探一	
27	筧　克彦	(医)守屋親国	山田禎三郎	小平道三郎			
		(農)稲垣乙丙					
28		(医)小坂慶二	樋口勘治郎			柳田　確治	
		(史)渡辺千春	森山辰之助				
		(土)小平保蔵					
29	渡辺千冬		鈴木　正治			藤森敬三郎	
			小林　健吉			名取　和作	
						五味　運吾	
30	木川又吉郎	(法)筧　克彦		千野　郁二		岩本　正木	
	工藤　重義						
31	原　哲		米沢　武平			岩波善一郎	中林　正己
32	北沢　定吉		増沢　長吉			今井　治作	
33							伊藤泉之助

表9つづき

卒業年度	一　高	東高帝国大学	東京高師	東京高商	東京高工	他私大高専	千葉医専
34	両角　斌	(医)武井重厚				牛山利重	花岡　一正
						林　治一	
35	黒沢　次久	(哲)北沢定吉				花岡民之助	矢崎慶三
	寛　潔彦	(政)工藤重義				柳平　準一	塩沢良造
						菊地　久吉	
36	岡村　千仭		矢島音次	小松金重郎		岩本　正孝	矢島将雄
						島立　浜七	
37	樋口　長衛	(医)原　哲	金子直一			平林喜代蔵	
	矢島　重郎						
38	茅野儀太郎	(医)竹村栄太	伊藤長七		関　徹郎	堀内　要七	井上徹雄
		(政)渋川春水	小松武平			中島　浩	山田　清
		(法)両角　斌				赤羽　銀作	矢島織衛
						小川　亀重	
39	中島喜久平	(法)黒沢次久	小松久夫	小平　伝七	小松豊作	藤森藤右衛門	小川光吉
	野明　敏治	(法)五味均平	北沢種一				
	藤原　咲平	(法)伊藤　健	原田武雄				
40	金井　清				小林市郎		
	今井　文平						
	吉川　晴十						
	小平　権一						
	土橋　力太						
41	今井登志喜	(政)鮎沢義信	牛山伝造	大久保愛之丞		藤森　勇	小坂慶夫
		(法)吉江忠作			金井春吉	坂本　秀樹	
		(法)辰野亀男			小口義賢	五味　金平	
		(文)茅野儀太郎					
		(哲)岩波茂雄					
		(理)藤原咲平					
42	黒沢　普	(法)岩波武信	中島真次	菅沼規玖治		細川　幸重	
	牛山　茂樹			佐久間参男		有賀　篠夫	
						藤森　三郎	
						伊藤　英雄	

(注)・他私大高専校は東京外語、東京蚕業講習所、水産講習所、慶応義塾・早稲田大、明治大、東洋大、国学院大をいう。
・下線は諏中卒業生

第三節　長師への進学

現金収入が少なく分家も困難な農家の二・三男で向学心を抱いた青年は長野県師範学校（略称長師、現信大教育学部）東京高等師範学校（略称高師、現筑波大）など教員養成学校や陸海軍の士官養成の学校に進んだ。それらの学校は、授業料・寮費・図書費などすべて官費の支給で個人負担が軽くてすみ、新学制の下若くして校長への道や軍人への道が開かれた。（表9）

しかし父がその教員であり、地方官吏として、少ない農業収入のほかに十分とはいえぬまでも現金収入のある家庭の子弟―中島・小平・藤原らは、上京進学が可能であった。

長師は、当時県内唯一の専門学校ていどの官費で進学できる学校であり、経済的に上京進学が困難な青年にとって許された学校であった。したがって当時は、卒業後教育界だけでなく新聞界・官界など多方面に活躍する名士を生んだ。

この間宮川村安国寺に慶応義塾を出て帰郷した伊藤作左衛門によって二六年「宮川義塾」（のち「大同義塾」）が開かれ、農繁期を避けた季節制が農家の実情に合って、郡内外からの受講生が多かった。

初期の大同義塾には医者となった浜浩哉、米沢村長となった五味作平、教育学者となった北沢種一、

表10　長師・高師卒業者（前掲『諏訪人名録』）

年度	長師			合格 →（年数）	高師		
	卒業者（名）	本書関係者と著名人	出身地		卒業者（名）	本書関係者と著名人	長師卒後年数
明10	2	両角恭四郎	上諏訪		2	有賀盈重(四賀)	
		金井　汲治	上諏訪				
11	2						
12	3	中島　平作	米沢				
		五味時三郎	下諏訪	7年			
13	6	稲垣　乙丙	上諏訪	6年			
		小平邦之助	米沢				
		平林峰太郎	豊田				
		細川　周太	富士見				
14	4	小平伊之助	豊平				
		沢　謙吉	上諏訪				
15	3	両角　周作	永明				
		小林　健吉	四賀	14年			
16	3						
18	3				1	立石兼太郎	
19	3	岩垂今朝吉	平野		2	五味時三郎	
		鵜飼　順弥	上諏訪	5年		稲垣　乙丙	
21	3	寺島伝右衛門	永明	6年			
		浜　幸次郎	中洲	3年			
22	5	矢沢米三郎	中洲	4年			
		山田禎三郎	長地	5年			
24	5	樋口勘治郎	富士見	5年			
					1	浜　幸次郎	
25	8	米沢　武平	落合	6年			
		三村　安治	落合				
		鈴木　正治	上諏訪		2	矢沢米三郎	
26	2					寺島伝右衛門	
				4年	1	山田禎三郎	

教育者となった五味開次郎・歌人篠原円太など俊秀の名が見られ、その後諏中中退者で受講する農村出身者もあった。

ここでは私の住む米沢村の範囲でその例を記すことにする。

明治八年米沢塩沢で二男に生まれた帯川（旧姓五味）豊太郎は、茅野慶次氏の『調査資料』（平成二年）によれば、北大塩学校卒業後中村（現茅野市湖東）小学校授業生となり、学費を蓄えて二七年長師に進学、久保田俊彦（島木赤彦）と同級の親友であった。南佐久郡田口（現臼田町）小学校を経て高島小学校（三四～三九年）につとめ将来を属望されたが、惜しくも病没した。帯川の実家である五味和男氏は「小農の五人兄妹では二戸を分家に出す余裕はなく、学校へ出すことを条件に村内の帯川

元諏中校長小松武平（「小松武平追悼録」より）

明治38年3月　高島小学校訓導時代の帯川豊太郎（前列左より2人目）
中央は守屋喜七、その左島木赤彦、後列右岩垂今朝吉（五味和男氏蔵）

家に養子に出した」と語っている。

明治一〇年米沢村鋳物師屋で二男に生まれた小松（旧姓笹岡）武平は、『小松武平追想録』（昭和六年）によれば、北大塩学校（現米沢小学校）から志を抱いて、諏訪高等小学校豊平分教場を経て家計の苦しい中三里（約一二キロ）の道を通学して高島高等小学校を卒業した。「育英会」（後述）を経て初め軍人を志望したが、宮川（現茅野市）小学校訓導小平邦之助（権一の父）の斡旋により同校授業生（代用教員）となり、学費を蓄えて二九年長師に進学、さらに小松家の養子となって高師に進み、小・中学校長を歴任し諏中の校長（大正八～一一年）をつとめた温厚篤実で生徒に理解ある自由主義的な教育者で名校長といわれた。

詳しくは『小松武平追想録』（昭和六年）を参照されたい。

第四節　典型となった明治諏訪の育英

少年が夢を抱き、有為な青年が希望と目標をもっても、その意気を受け入れ、西洋の学問を注入する教育の場がなければならない。学校はできても当時から進学には多額な費用を要し、それをまかなえない家庭の子弟（当時大部分は貧しい農家であった）は、上京しても牛乳・新聞の配達くらいしかアルバイトの道がなかったし、競争にうち勝つためにはアルバイトの暇さえない厳しい勉学で、篤志家による育英の力に頼るしか道がなかった。

南信日日新聞連載の伊藤節夫氏の「諏訪教育会百年の側面―上諏訪商人と育英」によると、『長野県教育史』編集にあたり県下全般の資料にあたってきた中村一雄氏は「諏訪の教育は信州教育の典型」だとし、その特色は「地域の人たちの教育尊重という基盤の上でおこなわれてきたこと、教師は地域の期待にこたえて一身を投入して教育に没頭し、教育の本質的追求により、理科教育などに先駆的実践を生み出したこと」と指摘した。

そして伊藤氏の調査は、教育振興に熱心で、私心なく名利を去って育英事業に献身した飯田佐金次・土橋源蔵・三代目武川又兵衛と三人の上諏訪商人の事蹟と、彼らに影響を与えた地域の教育者岩垂今

朝吉・三輪三吉・鵜飼順弥の三人と、彼らに育英の恩義を受けてそれに報いた多くの著名人のことを詳細に紹介している。

東京に各種の学校が増設されるようになると、諏訪の青年は青雲の志を抱いて上京進学する者が相次いだ。それには「小川平吉」の項で前述したように当然下宿難による苦学がともなった。

第五節　諏訪青年会設立――学生寮「長善館」建設

以下関之『長善館物語』（昭和五六）の記録から摘記する。

明治一八年在京の青年一二名は、柴田（稲垣）乙丙（のち東京帝大農学部教授）赤沼金三郎（のち一高講師）らの呼び掛けで「研究発表し抱負を語り合って団結と親睦をはかり、郷里諏訪の発展を図る」ため「諏訪青年会」を設立した。その相談に与かった渡辺千秋（鹿児島県庁）は、在京の諏訪出身の先輩二六名にはかって俸給の百分の一を賛助してもらうことを提言し、国武（在京）とともに率先して援助に乗り出した。

二〇年発行の「諏訪青年会」報告によれば、五三名が上京苦学し、二二年には九〇名に達したと報告されている。当時の「賛助員」は二六名を数えた。在郷の賛助員には両角恭四郎（号石門道人・教育者）千野光享（教育者）有賀盈重（教育者・歌人四賀光子の父）の名も見える。

二二年下宿料の負担に苦しんだ在京の青年たちは寄宿寮設立に取り組んだ。千秋・国武は在京・在郷の有志に働きかけ資金調達や建築に尽力した。二三年国武が委員長となって創立委員を選び、彼等は郡長はじめ前記片倉兼太郎・土橋実也（下諏訪村長・県議）前記初代武川又兵衛・金井汲治（高島

小学校長・県議）前記土橋善造・高木正人（米沢村長・県議）細川直行（富士見村長・県議）前記小川忠作ら在郷の諸氏を歴訪し、資金を調達し、全郡的に集めたその額は目標の三千円に達することができた。

翌二四年旧藩主諏訪家から貸与された本郷元町の敷地二三八坪に二階建て約百坪の寄宿舎「長善館」が建設、開設された。

当時在館した「正員」は五三名を数え、第一高等中学校（一高）助教諭五味時三郎（教育者・歌人保義・智英の父）東大学生小川平吉・大学予備校渡辺千春（千秋長男）英和学校渡辺千冬（千秋次男、国武の養子）東京専門学校（早大）高木守三郎・陸軍幼年学校永田十寸穂（前記鉄山兄）医科大学別科小沢侃二・一高前記赤沼らの名が見える。ほかに長野県師範学校前記稲垣乙丙ら「外員」四名を数え、以後の在館生数は増加した。

『長善館物語』の名簿を見ると、その後著名となった人物だけでなく、筆者の親戚・知人の名もあり、いかに多くの同郷人がこの寄宿寮を利用して向学の志を抱き、その志を延ばすことができたかを思わせる。ただし、前記小平権一・藤原咲平のように受験のため短期間利用した者この寄宿寮に友人を求めて籍を置いた者も含まれるようである。

長善館の建物は戦後本郷から大塚に移り、さらに調布市仙川に移って今日に至っている。

第六節　諏訪中等教育充実への道

前記伊藤氏は「諏訪では江戸時代から庶民の間に学問を愛好する気風があり、心学者植松自謙、国学者松沢義章、俳人藤森素檗らはいずれも農家、商人の生まれだというのも特徴の一つで、県下の寺子屋数一二四一ヶ所は全国一だが、諏訪はその四位で一三六ヶ所を数え、師匠のいないムラでは共同で金を出し合って他から招いた」と記している。

以下伊藤氏の記事を摘記すれば次のようである。

学校制度は明治五年公布された。教育に熱心だった筑摩県権令（のちの知事）永山盛輝（薩摩出身）は、七年管内の学校を視察し就学と元資金制度による施設整備を奨励した。このとき前記渡辺千秋は学事係として同行し、諏訪では土橋善造（後述する源蔵の父）初代武川又兵衛（後述する三代又兵衛の祖父）飯田宗左衛門（後述する太金次の伯父）ら三一人の篤志家が寄付金を寄せ、木杯をもらった。翌八年元資金の出資者は住民の九割以上の一二九九人、額一六五三〇円に達した。

校舎は旧村毎に寺があてられ、教員は寺子屋時代からの師匠や維新後の士族の転職者があてられた。高島学校の千野光亨・金井汲治・三輪三吉、蔦木学校の岩本節次、古田学校の塚原浅茅、有賀学校の

遊坐也足らは士族で漢学にすぐれていた。

しかし時代の要求に合った教員の養成を必要とし、明治六年に「師範講習所」（九年長野県師範学校）が開設された。

米沢村北大塩学校の場合『創立百二十周年記念誌米沢学校の歩み』（平成五年）によれば、米沢村では合併前の明治六年北大塩宝勝寺内に「学優学校」（初等科三年制）を、埴原田に矢ケ崎学校派出所（分校）を設けた。一九年埴原田分校を併せ、翌二〇年「北大塩尋常学校」（尋常科四年制）と改称し、校舎を増築した。二四年温習科を増設、翌二五年高等科（四年制）前半（二年）までの併置が認められ「北大塩尋常高等小学校」と改称された。

高等科が四年制となったのは三二年からで、高等科を卒業するためには、それまでは四年制高等科が併置されていた宮川村（現茅野市）の小学校や上諏訪町（現諏訪市）の高島小学校に通わねばならなかった。

中島・小平が「北大塩学校」に入学したのは二二年で、笹岡はその一年後であった。

小平が『米沢小学校PTA新聞百周年記念号』に寄せた文には次のように記されている。

服装は着者の着ながしで袴は付けず、おムスビをもち、毎日部落毎に旗を立てて登校した。尋常科は四年までで、高等科は米沢の学校は二年までであったので、三年のときは茅野（宮川小学校）の高等科に行き、四年のときの受持が父の邦之助であったので、片道八キロの山道（北大塩峠）を越えて上諏訪の高島小学校

へ通った。同級生には角間新田の藤原咲平がいた。

洋館二階建てで窓にガラスの入った、文明開花の象徴のような高島学校は三つの寺に併設されていた学校を統合して一二年柳口（現本町一丁目）に竣工し、高等科を設けた。一九年長師を卒業した平野村（現岡谷市）小井川出身の岩垂今朝吉（慶応元年・一八六五～大正四年・一九一五）が赴任した。それまでの士族出身の校長に代わった農民の子岩垂（それには反対もあったという）が掲げた訓育三綱領は根性・元気・勤勉であったが、その根本は「質実剛健」にあり、岩垂はみずからそれを実践した。

だが、高等科だけでは多くの向学の子弟に進学させることはできない。岩垂ら教育者は中学校設立の夢を捨てきれないでいた。

師範学校開設と同時に県は中学校の設置を計画し、まず東筑摩・南北安曇（松本）に、ついで小県（上田）、下伊那（飯田）、上水内（長野）の各郡に郡立変則中学校が開設され、一七年には県立に移管した。

諏訪でも早くから中学校設立の必要を認め、明治一四年から準備金を積立てていた。高島学校首席訓導（教頭）の漢学者三輪三吉は、二〇人の同志をえて自修中学をおこし、英語教育の必要性をとなえた。しかし一八年文部大臣森有礼は「国家社会の指導者は多くを要せず」として公立中学校は一県一校制としたので、中学校開設の望みがなくなった。そこで積立金はすべて「長善館」建設費に振り

向けることになった。

初等教育を充実させても高等専門学校に進学させるためには、中等教育を遠く離れた他の地域に依存していたのでは、学費もかさむ。一九～三一年まで松本中学校を卒業した諏訪出身者は九名に過ぎなかった。

土橋善造は天保一一年（一九四〇）の生まれの豪商で、財力は群を抜いていた。二〇年「次代を背負う商人の育成」をはかり、高等商業学校を卒業した青年を招き、子弟に英語の教育を始めたが、一般に開放することを決意し、自宅前の銀行跡を利用して「上諏訪英語会」と称した。生徒は三〇余名。三輪や岩垂は「長野師範入学の予備校的な役割」をもネラったらしく、その他の教科を分担して応援した。のち陸軍中将にまで栄進した河西惟一は、「同窓に土橋君（善造の子源蔵）あるが為その恩典に浴した」と記している。

土橋は二二年武川又兵衛（二代）・飯田権七（太金次の父）宮坂作之助らの賛成を得て「英語会」を「諏訪郡育英会」に発展させた。「育英会」は諏訪地方唯一の準中等教育施設とし他郡

図３　上諏訪英語会からの施設移動

からの入会者もあり、伊藤長七・久保田俊彦（島木赤彦）・三沢精英（背山・新聞記者）ら長師に進学した教育者や土橋源蔵・三代武川又兵衛ら、のち育英に尽力する商人など多くの人材を生んだ。

第七節　郡立諏訪実科中学校設立と県立への発展

前記伊藤氏の記事を摘記すれば次のようであった。

明治二四年中学校の一県一校制が廃止となった。ときの郡長・郡視学・郡学務書記らが奔走し、岩垂らが強力なブレーンとなって、翌二五年五年制の郡立中学校設立案が郡会に提出された。郡会はその必要性は認めたものの「郡民の負担に堪えず」として否決した。

だが岩垂らは屈せず「尋常中学校より低く高等小学校よりやや高き」三年制の「諏訪中学予備校」案に変更、郡会議員を説得、同年県へ提出し、県や国の了承を得たものの、位置をめぐって宮川村（現茅野市）と対立して流れた。中学設立の希望が山浦方面にいかに強かったかがうかがわれる。（その後大正末期「郡立諏訪第二中学校」―通称「山浦中学」設立

高島学校　諏訪実科中学校　高島小学校舎借用
（清陵同窓会蔵）

の運動があった）

二年後の二七年になって国が「実科中学校設置規定」を定めたのを機会に、「実科中学校」の設立に切り換えて申請、翌二八年日清戦争中に認可となり、高島学校の一部を借りて開校となった。入学者七二名、育英会在学の一三名は二年生に編入された。職員三名。岩垂は教諭心得として、その運営に専念し、職員や校舎新築の敷地を探し、郡学務書記山中助蔵（のち郡長）が奔走した。

学科は倫理・国語・漢文・数学・地理・歴史・博物・物理・化学・習字・図画・農業要項・体操、生徒の希望あるものに英語を施したが全員受講した。

新築校舎　諏訪実科中学校　清水ケ丘に新築の校舎（清陵同窓会蔵）

創立当初授業料は一ケ月四〇銭であったが、二九年五〇銭、三一年には七〇銭（当時米一升二〇銭）に値上げされた。それに入学時には制服・制帽・靴などの被服費、教科書・参考書代など少なからぬ費用を要した。それに寄宿生は汽車賃または寄宿舎費など通学費を要した。

岩垂は三三年「実科」をとって「郡立普通中学」とする交渉にあたり、翌三四年「県立諏訪中学校」に移管され、職員・生徒数ともに増加した。

一方「育英会」は二八年、その使命を終えて六年の歴史を閉じた。「育英会」は男女共学であったが、中学は男子のみで

あったから、岩垂は土橋善造に要請して寄付を求め、三四年高島学校内に「町立諏訪補修女学校」を設立し、四一年「町立諏訪高等女学校」（現諏訪二葉高校）、大正六年県立に移管された。岩垂はこの間明治三五年「町立高島裁縫専修学校」（現諏訪実高校）を設立するなど中等教育の充実に尽力した。国の「実業教育振興」方針によって「村立平野農蚕学校」（諏訪蚕糸学校をへて現岡谷工業高校）や「南諏五ケ村組合立南部実科中等学校」（諏訪農学校をへて現富士見高校）、また「村立平野高女」（諏訪第二高女をへて現岡谷東高校）が設立されたのはその後であった。

第四章　中島以後諏中生徒の進学熱と私設育英制度

第一節　進学率の増加

中島・藤原・小平の一高上位合格は、諏中に学ぶ後輩たちに自信をもたせ、奮起させるものがあったに違いない。向学の志は高まり、進学率は年々増加を見せたのである。（表11）

「学校は立身出世のための機関とみなされ、優勝劣敗の自由競争の原則は確立されたものの、実際には、能力のみによるものでなく、階級的・階層的出自よりするハンディキャップが存在した」（宮坂前掲書）

「帝大出身者とそれ以外の者との俸給差はすでに決定的なものであった。明治四〇年代～大正初期の不況時代には、就職難による求職競争が知識労働者の

表11　明治38年学歴と初任給の差
（宮坂前掲書）

職　業	学　歴	初任給
医師（インターン中）	帝大医	30～40円
	医　専	15円前後
技　師	帝大工	40～50円
	高　工	20～30円
会社員	帝大法	30円前後
	私大法	15～20円
	高　商	25～30円
中等教員	帝　大	50～70円
	高　師	50～60円
	私　大	40～60円

海軍少尉吉川晴十（吉川村子氏蔵）

表 12　諏中入学者と主な進学者概数（創立八十周年記念『同窓会員名簿』―1976）

明治大正在学年度	入学者数(A)	進学者数(B)													計(B)	進学率(B/A)
		在京							地方							
		東帝大 東大	東高師 筑波大	東高商 一橋大	東高工 工業大	医専 医大	他専大 国私大	小計	千葉医 千大医	他医専 地方大	高専大 地方大	海兵他・ 陸士他	長師 信大教	小計		
明28～33	72	5	3	1			2	7	3	1			8	12	19	26.3
29～34	67	5		2	1		8	16	2	1	3	1	2	9	25	38.8
30～35	91	3	3		2		9	17	1	2	1	1	5	10	27	29.7
31～36	114	6			2	1	13	22	1	2		4	7	14	36	31.6
32～37	114	4	3	1	2	1	6	17		2	6		2	10	27	23.7
33～38	135	4	2	3	2		7	18	5	2	2	1	4	14	32	23.5
34～39	132	5	1		1		6	13	2	2	4	5	2	15	28	21.2
35～40	100	4	1	2	1		7	15	2	2	4	5	4	17	32	32.0
36～41	129	5	1	2	3	2	11	24	1		4	4	4	13	37	28.7
37～42	100	1	2			4	9	16		1	4	5	5	15	31	31.0
38～43	120	8		1	3	3	6	21		2	12	2	9	25	46	38.3
39～44	113	6	1	2		2	7	18	3		8	6	5	22	40	35.4
40～大 1	101	4	1	1	1	3	10	20		1	5	3	9	18	38	37.6
41～ 2	105	5		1	1	2	5	14	1	4	8	5	6	24	38	36.2
52～ 3	107	4	3	1	2	4	8	23	2	2	7	3	5	19	42	39.3
43～ 4	103	12	1	3		4	8	25	2	2	4	3	3	14	39	37.9
44～ 5	114	2		3	1	3	14	23	2	1	9	3	7	22	45	39.5
45～ 6	131	7		2		6	11	26	1	1	6	4	6	18	44	33.6
大 2 ～ 7	104	9	1	2	2	2	10	26	1	5	6	1	4	17	43	41.3
3 ～ 8	113	11			1	4	20	36	2	1	9	3	2	17	53	46.9
4 ～ 9	112	13		4	2		17	36	4	2	8		5	19	55	49.1

価格をひきさげ、三四～三五円なら最上ポスト、二〇～二五円が平均という低賃金時代をもたらした。さすがにこの時期の高校入学志願者数にはやや停滞をみたものの、ほとんど目立った変化がない、不況は入試競争を鈍化させる要因としてよりも、わずかに残されたポストをめざすいっそう激烈な競争をよびおこしたとさえいえるであろう。浪人問題など大正期に入ると入学難はしだいに社会問題化していった。」（宮坂前掲書）

　中島らが上位合格した翌三七年には吉川晴十、今井文平・土橋力太が、翌々三八年には今井登志喜が一高に合格した。

　吉川晴十は東大で海軍造兵学生となり、卒業後ドイツ工科大、英国マンチェスター大留学。呉海軍工廠で特殊鋼を研究、補助

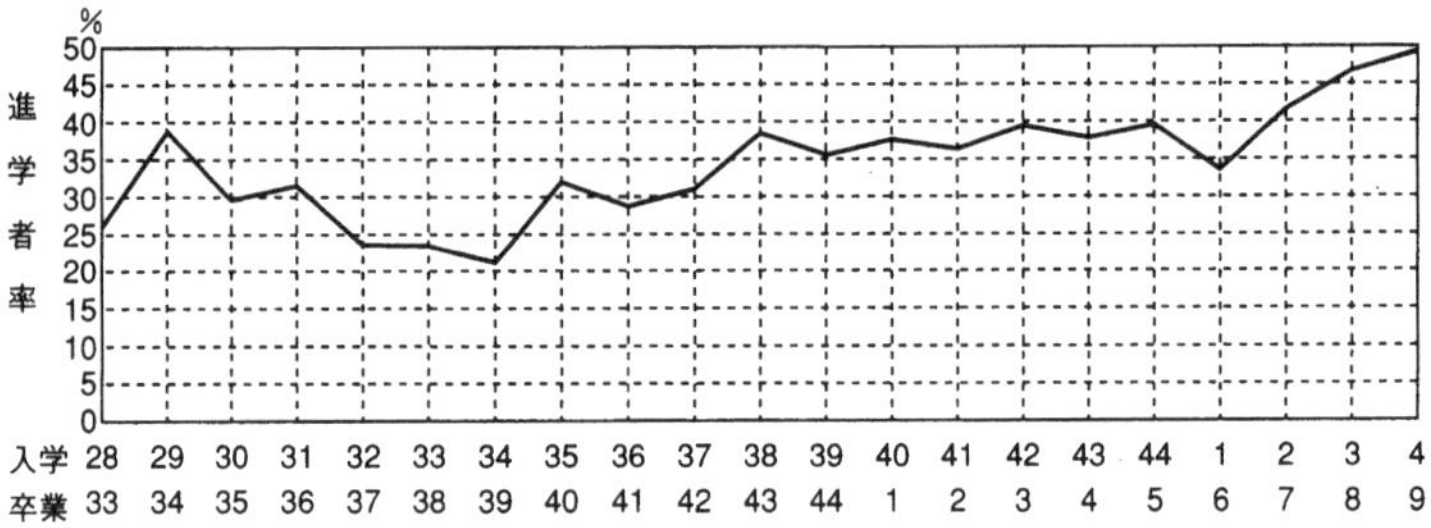

図 4　諏中生徒の主な上級学校進学者率

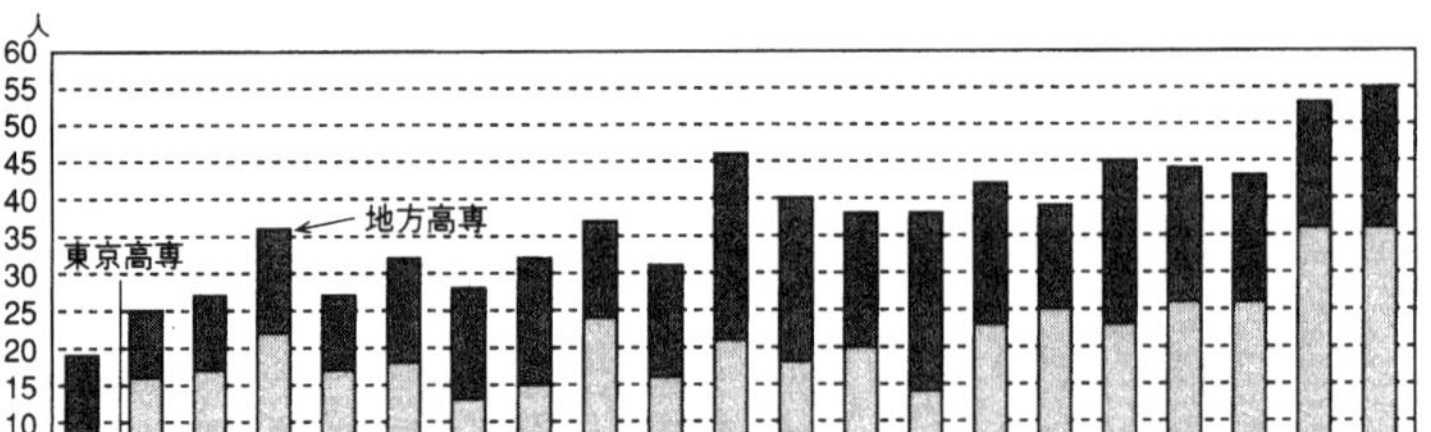

図 5　諏中卒業生の主な進学者数

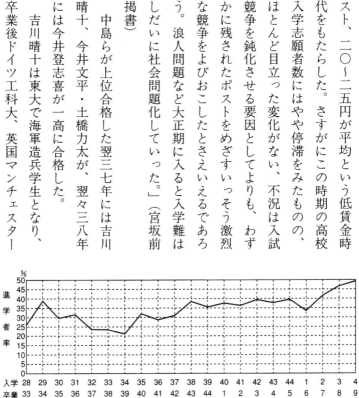

艦増強に貢献した。工学博士、造兵少将となり東大教授となった。ステンレススチールの発明者。
今井登志喜は、東大で西洋史を専攻し、教授となって、『諏訪郡史』の編纂に貢献し、郷土後進の育成に尽力した。

上伊那郡の赤穂小学校から諏中に入学し、のち清陵高校の校長、同窓会長をつとめた大森栄（大正五年入学）は「飯田中学に行くのが自然であったが、担任の先生から更に上の学校へ行くつもりなら諏訪中学だ、とすすめられた」と記している。（前掲『八十年史』）

すでに進学校として知られていたのである。

第二節　私設奨学金と学生寮

進学率は増加したが、全寮制の一高・高師やその他の官公立高専（収容力には限界があったが）はまだしも学生寮をもたない私立の大学・専門学校に上京進学することは、長善館の収容力にも限界があり、多額を要する学費や生活費の問題が立ちはだかり、多くがそうであった貧しい家庭の子弟には苦学を強いるものであった。

大正時代東京の下宿料は月二五～三〇円が普通であったという。生活費に苦しむ学生たちが、わずかな機会であった牛乳・新聞の配達アルバイトに励んでも追いつく額ではなかった。それを救ったのが、諏訪出身の篤志家たちの私設の学生寮であり、奨学金であった。

その概要を前記伊藤節夫氏が南信日日新聞に連載した「諏訪教育会百年の側面―上諏訪商人と育英」から、再び抜粋して記す。

諏訪の教育篤志家のなかで、味噌醸造業を営み、長善館・上諏訪英語会・郡育英会・町立諏訪補修女学校（二葉高校の前身）の開設に尽力した土橋善造（明治九年生まれ）は明治三八年没した。遺言に基づき嗣子の源蔵はのちに東京新宿に学生宿舎「純勝舎」を開設した。月一度は上京し約十日間舎

生と生活を共にしていたが、大正九年一家は生活の本拠を移し、以後は育英事業に専念することを楽しみとして昭和七年没。(五七歳)

源蔵自身郡育英会卒業後慶応義塾に入ったが、父善造が病気がちとなり家業を継ぐため中退せざるを得ない境遇であった。「前途有為の青年の中には、学資がなく進学できない者も多い。将来こうした青年のために役立つ人間になりたい」というのが源蔵の素志で、三一年には父同様英語夜学会

表13　私設育英施設(前掲伊藤『上諏訪商人と育英』、笹岡太一氏提供資料による)

		純勝院記念奨学会	三如会	武川報恩会
設立・期間		明治38～昭和23年(45年間)	明治40～昭和13年(31年間)	大正8～昭和20(19年間)
役員		代表　土橋源蔵(没後善一郎) 相談役　岩垂今朝吉・寺島伝右衛門・鵜飼順弥・伊藤長七・太田水穂	飯田太金次 土橋源蔵 三代武川又兵衛	理事長　武川又兵衛 理事　竹内潔・今井登志喜・小平省三・土橋源蔵・山中助蔵 監事兼舎監　笹岡末吉
資金	学生寮	3万円(寮費月2円) 新宿区二十騎町・二階建5部屋	設けず	寮費月　円豊島区巣鴨、二階建4部屋8人収容、鉄棒・バスケット
	奨学金	基金2万円利子年額500円を一人月10円以内支給、地域を限定せず、返還免除	三人の月掛で会費10円～100円、多額に上った	基金　万円利子年額を一人月30円以内支給、地域を限定せず、返還免除
会員 寮生のほか奨学金だけを受ける者があった		会員名簿(昭和8年当時) 荒木宗爾・有賀輝・矢島八洲夫・矢島弥太郎・上条重直・佐武富初・滝沢真弓・土橋兵蔵・村上誠・篠原東平・足助茂喜・岩垂厳・植松七九郎・牛山充・河西嘉一・小平省三・古村誠一・土橋力太・浜口一郎・三輪知雄・吉沢清次郎・三村義郎・山中遜・山中益三・鵜飼克二・窪田阡米・筧正通・堀野竹松のほか100余名	不明	会員名簿(昭和47年当時) 五味保義・山中謙二・藤森幹三・萩原広・松井務・塚越昇・三沢春郎・両角節次・両角啓一・三輪保・野村豊二・小林正美・古山次郎・寺島善四郎・金子春雄・豊島敏夫・松井利夫・武川忠一・武川洋三・村上利夫・北沢右三・柳沢武康・岩波健彦・千野忠・三輪誠一・三輪協・岩垂信のほか100余名

をつくって、自らも学んだという。郷里在住中は商工会会頭を一〇年間もつとめるなど公職を歴任し、その後も幾多の寄付に応じた。

土橋に協力し諏訪の教育発展に尽力した武川家は、二代又兵衛が横浜貿易で巨万の富を築き、郷里に引き上げ呉服商を営んだ。上諏訪村副戸長・初代町長など公職を歴任し、高島学校学務委員としてその建設に尽力したが、明治三一年没した。三代又兵衛（明治一一年生まれ）は町会議員として町立諏訪補修女学校昇格運動の中心となり、大正九年子女の健康のために鎌倉に転居し、同地でも育英事業に尽力したが、昭和二九年没。（七六歳）

武川又兵衛（三代）の孫にあたる泰雄氏が笹岡太一氏を通して提供した資料（長野県人東京連合会『大信濃』昭和一五年）によれば、又兵衛（三代）は「別に趣味として数うる如きものも有たず、ひたすら常に社会公共の事を念として、余閑あれば読書に親しむを唯一の楽しみとしている」温厚な君子人で「武川大人」と呼ばれ、世話をした学生たちに慕われた。武川家は当時鎌倉で農園の経営にあたっていたらしい。

土橋・武川と共に明治四〇年「三如会」を結成し、そのリーダーとして郷里にあって育英など公共事業に尽力

武川又兵衛（昭和29年頃）

〈笹岡太一氏蔵〉

昭和15年頃武川報恩会学生寮にて
前列左から藤原夫人・藤原咲平・笹岡夫人・武川又兵衛・
武川夫人・笹岡末吉（笹岡太一氏蔵）

した飯田太金次（明治二年生まれ）は砂糖商を営む権七の嗣子で、「三如会」の名は信仰に篤い飯田の提唱で「育英・公共・慈善について陰徳を施す」ためであった。昭和一三年没。（七〇歳）（表13）

三人は「不即不離」永遠の友情を誓ったが、没後も遺言によって分骨され唐沢山阿弥陀寺で墓を同じくし、それは「三士の墓」といわれているという。

この三人は先覚者的教育者岩垂・三輪・鵜飼を恩師として協力・報恩の誠を尽くすとともに、私心なく名利を去って献身したその育英事業によって成功させた多くの人材に「慈父」の如く敬慕され、彼らもまたこの三人の恩義に報いようとした。

前述したように、そうした「地域の人たちの教育尊重の基盤、教師の地域の期待に応える教育の没頭」が、明治諏訪の教育をして「信州教育の典型」ならしめたのであろう。

第三節　笹岡末吉（明治一七～昭和五二年）の進学

中島・小平の一年後輩で、在京の中学校教師として教育に終始して生徒に慕われ、後述する「武川報恩会」「郷友会」などで常に郷里後進の育英に尽力し慕われた笹岡末吉は、米沢村鋳物師屋の農家の二男に生まれた。

笹岡の生家はムラでも中農以上の農家であったが、二男であったから分家するか養子にゆかねばならなかった。前記小松の家は近所で、少年のとき、小松と筆者の大伯父五味和十（東京美術学校へ）とともに将来を語り合い、苦学を覚悟したことを前記小松の『追想録』に次のように述べている。

当時村の青年の所謂秀才なるものの唯一の登竜門としては師範学校あるのみ。上京する道を知らず、学校系統の

笹岡末吉（昭和40年頃）
〈笹岡太一氏蔵〉

順序を踏むこと能わず、とにかく師範学校へ入るが第一関門であった。後年まで中学校を終わったら師範学校へ行くものだ位に思っていた。

明治二六、七年頃の所謂苦学成功時代に、誰とて金あって学問するものはなかったのです。家庭から貰わなくて、ともかくもやりぬいた。

笹岡は諏中在学中「自治」を実践した「同志社」（のち道志社）事件で一年先輩の小平権一と行動を共にした。

笹岡は諏中卒業後同郷の先輩小松にならってか、南佐久郡平賀、高島の代用教員となり、学費を蓄えてから上京した。東洋大学専門部に進学後「家庭から貰わなくてどうやりぬいた」か。兄倍一郎の関わりで「武川奨学金」（後述）の援助を受けたのである。卒業後その金を返しにゆき、武川は「お祝い」にそれを贈呈して受け取らなかったという。

私立芝中学（現芝学園高校）から府立第一中学（現日比谷高校）府立第七中学（現墨田高校）を経て、退職後は「武川報恩会」学生寮舎監「長善館」理事などをつとめた。

親戚の五味和男氏は「末吉の兄倍一郎と素封家武川家との関わりは、当時貴重な肥料であった下肥を米沢村の農家は北大塩峠を越えて上諏訪から買って馬で運んだが、その関わりで武川家を知って、弟の進学について相談して、その援助を受けることになったらしい」と語っている。

苦学と「育英」の体験が笹岡を「慈父」の如く教育と育英の道に進ませたのであろう。

笹岡の著書には軽妙洒脱にして諷刺をもった『一昔前二昔前』を始め、『諏訪物語』庶民的な『歌で覚える幾何学』『歌で覚える憲法』などがある。

また郷里鋳物師屋の子どもたちの読書のため、祖父が孫に贈るように少年少女向けの雑誌を毎月送ってよこしたという。昭和五二年没。（九二歳）

第四節　両角丑助（明治二〇～昭和四二年）の進学

笹岡の妻の兄の両角丑助は後進の育成に心を寄せるのであるが、その遺歌集『紫苑』（昭和四八年）に載った「年譜」「あとがき」をまとめて述べれば次のようである。

湖東村（現茅野市）笹原という山浦でも奥地に生まれた。馬が二頭いて作男もいる大農の家で、父は村長も何年か勤めた家であった。北山小高等科二年を卒業、明治三五年諏中に入学し、土曜日には北大塩峠を越えて帰宅し、月曜日の早朝提灯をさげて矢ケ崎を経て登校した。はじめ医学を志したが、三年生のとき家人の希望で中退して長師の第一部に進み、師範では野球の選手をした。四三年卒業したとき父から「家の事は心にかけず力一ぱい勉強して進んで行くように」といわれ、「命をかけてや

両角丑助肖像（中川紀元画、表札は会津八一筆）

る」といったという。上伊那の七久保小に奉職、翌年諏訪の玉川（現茅野市）小に転任、久保田先生（島木赤彦）を新校長として迎え、以来その薫陶を受けることになった。大正八年（三二歳）豊平（現茅野市）小校長を任じられ、以後長師、高島小訓導を経て、東筑洗馬（現塩尻市）小、下諏訪小、岡谷小の校長を歴任し、ここの間諏訪教育会副会長にもなった。勇退して戦後は湖東農業会長、永明高校（現茅野高）講師（湖東分校）湖東遺族会長（注　二人の息子が戦死）をつとめたが、教育者の道と歌の心と友人と後輩を大切に励んだ、温厚な交友の広い人であった。

両角は前記小尾郊一氏によれば、筆者が尊敬する父君喜作先生（拙著『教育者小尾喜作』昭和六二年参照）が最も信頼した後輩であったという。

　昭和四二年没。

第五節　竹内丈夫氏（明治三四年～）の進学

大正十年諏中から難関の千葉医学科大学専門部（現千葉大医学部）を出て郷里（生まれは中島の生まれた埴原田部落の上川を隔てた隣部落豊平村―現茅野市―福沢である）に戻り、地域医療に尽粋し「仁医」と慕われる竹内氏は、豊平小学校古田分校在学中「皆勤賞」として前記中島の児童啓蒙書『偉人伊藤公爵』をもらったという。それが、幼き竹内に感銘を与えたことは想像に難くない。中島より十七年後輩の竹内氏が遠い親戚でもある中島の「ああ博浪の」に今さらに感激し、歌碑の建立を発願した理由であろうか。

農家の長男である竹内氏の中学進学に反対した祖父をとりなしてくれたのは母で、その母はその上の進学を希望する氏に、修学の後は帰郷することを望んだ。氏が「医者を志したのは、遠くに赴任することがあるサラリーマンになりたくないからであった」という。

竹内丈夫（千葉医大卒業時）

竹内氏は次のように記している。（前掲『八十年史』・「笹岡末吉先生」『諏訪郷友会報』昭和六一年・平成三年）

私の入学は第一次世界大戦の最中、間もなく戦勝するという事で全校で祝賀の提灯行列を行った。……諏訪湖の氷上に初めて飛行機が来るとの事で諏訪一円は大さわぎになった。……

第一次世界大戦の直後、諏中講堂でドイツに抑留されて帰朝した藤原咲平先生と前大使館武官吉川晴十少将の講演を聞いた。藤原先生の話は気象学上の渦巻に関するもので、中学生の私共には少々難解であった。吉川さんは当時のドイツ皇帝を称賛されていた。

軍国主義の時代で体育の教科も半分は軍事教練を受けた。……生徒の服装には海軍兵学校に近いものも現れ、記念運動会にも江田島の兵学校の真似をして棒倒しを行ったが、圧巻は銃剣をとっての戦争の場面であった。

質実剛健という自治精神に充たされた毎日の中で、最も恐ろしかったのは矯風会であった、全生徒を雨天体操場に座らせ、幾人かの生徒を前に呼び出す。剣道用の竹刀が持ち出される。或る生徒は女の子の居るそば屋に入ったと竹刀で打たれた。上級生に挨拶を忘れても、無断で汽車通学しても、此の会の場で非難された。此の会に先生方はタッチしなかった。

……後任の校長は小松武平先生、実に堂々たる体軀であった。私共が四年生の時、高等学校へ四年終了者から入学出来る事になり、丁度此の時松本高等学校（現信大文理学部）が開校されたので、優秀な同級生が大勢進学してしまった。お陰で残留組の私などさえ級長に浮かび上がった事もある。……

この年（注　大正九年）は軍国主義も下火となり、同級生の中で軍の学校への進学者は殆ど無くなった。……同級生の進学の方向も学者、教育者、医者などが多く、実業家は比較的少なかったが、それは本校の永い歴史的傾向でもあったと思う。……

大正一〇年春、私は一年間の代用教員（豊平小学校）の後医学の道に進んだ。この道は百姓家にとって親がいくら努力しても資産を犠牲にせずには進めない道であり、又弟妹にも迷惑の道であった。

そこで尊敬していた校長両角丑助先生に相談したら、先生の近親の笹岡末吉先生を介して武川報恩会の奨学会のお世話になる事を得て、安心して医学を専攻する事が出来た。一日七～八時間の授業でアルバイトなど到底出来ない。参考書片手にノートの整理に追われた四年間であった。

卒業して先ずお礼に伺ったのは笹岡先生と鎌倉の武川又兵衛様であった。手土産は母親手織りの白絹一反宛。武川様は大変喜ばれて、私は大きな鎌倉ハムをいただいて帰った。笹岡先生は巣鴨の武川報恩会の学生寮に舎監として大学の学生を住まわせて居られた。

先生は郷里の事を常に念頭に置かれ、時々地方新聞にも卓抜な御意見を発表されて居る。文章もよく書かれ、諧謔に満ちた麗筆を私は沢山戴いて居るが、今の長善館の空気にも先生の残風を感じるように思う。

太平洋戦争の東京大空襲のあと巣鴨のお宅を訪ねたら、ご自宅の残骸を集めてお住まいの小屋を造って居られた。食糧不自由の折柄で先生の即興に「千早振る神代も聞かず芋の蔓南瓜の蔓を食に充つとは」がある。

巣鴨の長善館に乞うて一夜同宿した。和風な建築で障子、縁、テニスコートなど記憶して居る。私は学校が千葉で、長善館のお世話になれなかったが、長男、二男共に在館した。

私は親は勿論、多くの先輩の好意によって成人した。それに報いる道を、私は終生求めて行くつもりである。

竹内氏はそうした関わりで、のちに郷友会の副理事長をつとめ評議員となった。

竹内氏は、代用教員時代豊平小校長の両角に「君は勉強が必要だから早く家に帰れ」といわれ、笹岡に相談して武川奨学金を斡旋してくれたことなどの温情を思い起こし、先日高齢（九三歳）病中の身をおして笹原に墓参したという。

両角が竹内氏に温情を示したのは、自分がかつて志して果たせなかった医学への道へ進もうする竹内氏の姿に、かつての自分を思い浮かべたからでもあろうか。

第六節　長善館の日々

『諏訪郷友会会報』復刊第二九号（平成元年）に東洋大名誉教授伊東一夫（昭和三年入学、在館八～一五年）同会理事長小口達美（昭和五年入学、在館一〇～一一年・一四年）の両氏が語る座談会記事が載っており、その後の長善館における学生の生活が語られている。そのさわりの部分を引用すれば次のようである。

伊東　あのころは三分の二ぐらいが官学で、高師とか東大とか、そうそうたる秀才が揃っていた。自殺事件があり、意見の衝突があって大分退館した。私学の人が多くなり、入館者が少ないのでは意味がないというので、それで大学入学志願者を入れることになった。館は非常に平和的、家庭的になって、最後の青春の自由を楽しんだ。

小口　府立四中の補修科へ行き、仙台の二高へ入って後、東大に入って半年世話になった。先輩たちが特別の目で見てもらい、非常に勉強できた。

伊東　一人一室（四畳半～六畳）で、机から椅子、ベッドまで全部そろっていて、池つきの庭も広く、いろ

いろの木が植わって、テニスコートもあった。食事なども非常にいい食事で、毎日がご馳走という感じだった。

そのうち戦争に入っていき社会主義運動の弾圧が始まった。もう少し天下国家を論ずる空気が欲しいという反省が起こり、進んで官学の人を入れるようになって、ひきしまった空気になった。

小口　大分左翼思想の議論を吹きかけられて困ったことがある。

伊東　特高が調査に来たこともあり、私などもマルクス系の本を隠したことがあった。電話はなくて、しょっちゅう近所に借りにいった。

小口　今井登志喜先生などがたまたま来ては……。

伊藤　みんなと一緒に酒を飲むと、酔いつぶれてしまって長善館へ泊まって朝帰られたことがある。「青年今井先生」などと言っていた。

伊東　それから藤原咲平先生。非常に謹厳な学者で、近づくと実に温厚な思いやりの深い方だと思った。

小口　笹岡末吉さんなんかも来ていた。話が面白くて「オナラ百万石」などという謡曲をご自分で作って、オナラに関するものを並べて、最後に「ブッと奈良の都に着きにけり」などとやる。

伊東　笹岡先生は特別な面で、極めて個性的な教育者で長善館の親父という感じだった。館生の個人個人のことで、いちばん世話をかけて面倒を見てくれたのは笹岡先生だ。困るとみんな先生に泣きついてしまうというくらいだ。

小口　われわれも反省しなければならぬが、今の学生は敬遠するのか、なかなか寄って来ない……。

伊東　私のころは月々食費が一〇円ぐらい、多くても一五円はかからなかった。「あそこは生活費が安い」

だけでは、諏訪藩の教育の伝統―寮生活に意義を見出す意味が無視されている。

小口　今長善館は食費が二万五千円から三万円足らずで安い。街の下宿に入ると、最低六万から八万円かかる。だが安いから来るだけでは困る。それがわれわれが一番突き当たっている問題だ。育英事業だから何か別の教育の場―学生同士の錬成の場でなければいけない。下宿生活というものは味気がないものだ。下宿にこもっているよりも友だち同士で議論し、先輩が来てダべったりすることから得るものがある。

○笹岡太一氏からの書簡（要旨）と同氏筆イラスト

……財団法人武川報恩会は文部省の認可を受けて、学生に対する奨学金の支給と学生寮の運営を主な事業とする。創設は大正8年、学生寮の完成は翌9年、事業は昭和20年5月空襲で焼失するまで実施された。関係書類すべて焼失したので詳細は全く分からない。学生寮の写真も残っていないので、思い出してイラストにした。

学生寮は巣鴨3丁目に約800坪の土地を買収して建てた。40余坪、8人収容。隣に舎監宅を建て、笹岡末吉はそこに住んだ。学生寮に居住した人の数は、現在52名以上いる。そのなかには東大教授山中謙二、甲府病院長三輪保、早大教授武川忠一氏等があり、同窓会は数回開催した。奨学会は月額30円前後だったかと思う。

武川報恩会学生寮（昭和15年頃）

第七節　戦後の長善館生活

筆者には戦中地方専門学校の学生寮での生活体験はあるものの、長善館での生活体験はない。そこで知人の伊藤博夫氏（諏中昭和一九年入学、元清陵高校教諭）に戦後物資欠乏時代の長善館での生活体験を記してもらうことにした。なお同氏は玉川村穴山の三省堂医院に生まれたが、父君早世後竹内先生が代診にいったことがある関わりがあった。

私が巣鴨の長善館に入館したのは昭和二七年四月で、戦後の復興は進んでいたものの、パンを買うには家庭に割り当てられたパン券が必要という、食糧統制の厳しい混乱期でした。

当時青雲の志をもって上京する学生の最も心配であったのは住と食でした。住む所があっても、それが高い家賃、下宿代では生活できず、そこで安く生活できる大学の寮、地方の財団法人で経営する学生寮が、当時の一般的家庭には必須の条件でありました。

当時の長善館は、関之先生著『長善館物語』によると、昭和二〇年四月の空襲で焼失後二二年七月北佐久郡より移築したものであった。

昭和二六年四月私は大学に入学してすぐに大学の寮に入ろうと思って行ったところすでにおそく、入寮者は決定済みとのことであった。その時大学寮（東京教育大）を見ると、旧兵舎跡というので十畳くらいの大きい部屋がずっと続き、天井は張ってなくつつぬけで、その下に何人もの人がうようよとふとんの中にも机の廻りにも群がっている様子で驚いた。暫くして長善館があるのを聞き、幸いに同郷の玉川出身の先輩牛山皓司さんがおられたので頼って訪れた。

長善館は大学寮に比して静かに落ち着いた雰囲気であり、牛山さんは「寮なんかにいては勉強ができない。勉強するならここだ。」と、多くの書物が入った書棚を背に話された。牛山さんの言われるとおり、是非とも長善館に入館したいと思い、翌年三月の募集まで待つことにした。

昭和二七年四月大学二年のとき幸いにも選考を経て入館できた。二つの八畳間には三人、六つの六畳間には二人ずつ、一つの四畳部屋には一人、一九人だったと思う。その他賄人の花岡さん夫妻と娘さんが住んでいた。

長善館における生活はすべて館生の自治により運営されていた。これは創立期からの伝統によるものであった。

『長善館物語』は設立の状況を詳細に伝えている。それによると長善館における自治制度の採用は、旧制第一高等学校（現東京大学教養学部）の自治制を採用したものである。寄宿寮制度は当時一般的には監督制であったが、一高は明治二三年自治制を採用した。この一高自治採用に協力したのが諏訪出身の一高生、赤沼金三郎氏であった。氏は長善館の設立に当たって強くこの寮自治制を主張し、明治三四年五月開館の長善館概則及び規約に記されていた監督制の項を削除し、自治制の採用へと転換させたのであった。

先輩の牛山さんの言われたとおり館内は勉学の雰囲気で満ちていた。姉と同居していた一年余の生活からの解放もあって、ここで思う存分勉強しようと決意したことも記憶に新しい。

館では土曜を除いて午後八時以降は黙学の時間であり、他人の学習の妨げとなるような大声を出すこと、ラジオを聴くことは禁止であった。ある部屋が騒ぐと「……号うるせえぞ」など声がして、すぐ静かになるのだった。マージャンをやりたい人もその時間は遠慮している様子であった。

ホールは食堂、会議室でもあり、空襲の焼け跡を残して黒く汚れた壁につつまれていたが、上に以前館長であった今井登志喜先生（東大教授西洋史）の写真が飾られてあり、隅には朝日新聞など三種類の新聞がおかれ、本棚には今井先生著『都市発達史研究』、竹山道雄著『失われた青春』などの名著が雑然と並べられてあった。雑誌も『世界』『中央公論』『群像』から『キネマ旬報』に至るまで八種類、趣味と大学生としての教養、知識に直ちに応じられるように毎月購入されていた。私は『世界』で野上弥生子の長編「迷路」を読むことができた。

館生はさまざまな大学に通い、出身高校も出身地もさまざまであったので、異なった人格に接し、学問、時事問題などにつき互いに議論し合い、切磋琢磨するのに好都合であった。松川事件の真相は何か、学生運動についてどう考えるか。昭和二七年のメーデーは所謂「血のメーデー」で、宮城前広場に突入したデモ隊と警察官との大乱闘となり、警察官の発砲により死者が生じるほどであったが、館生でこれに加わり、命がけで逃げてきたことなども聞き、この可否について語った。

昭和二八年に岩波書店から『日本資本主義講座』が発刊され、この中で「アメリカの対日占領政策は当初から日本の保守、反動勢力の温存をはかるものであった」（占領政策の転換ではない）と述べているのは正

しいか、どうか、これにたいしては誤りであると話し合った。

学生運動が盛大になった頃でもあり、昭和二七年七月五日破壊活動防止法が国会で可決公布されたとき、これが民主主義運動の弾圧になるのではないかと、多くの大学でこれに反対するストライキが行われた。副館長の関之先生はこの時この法律作成の元締めである公安調査庁の総務部長であられた。先生はしばしば来館されたが、特に学生運動について触れることなく、館生も安心して学生運動に参加していた。

又昭和二八年自治省で学生の選挙権は郷里にあるとした通達を出し、事実上下宿、寮生活の学生が選挙できないようにしたことに対し、大学生は一斉に反発したが、この時も長善館は豊島区内の東大豊島寮で日本女子大の寮と連合して署名運動など行って、豊島区で最も早くこの不当な自治省通達を撤回させたりした。しかし急進的な運動に進むことはなく、穏健な運動に留まっていたことは幸いであり、これも自治的で常に議論できたからであったと思われる。

月一回総会があり、議長が主宰して館の代表庶務を中心に会計、厚生、文化、食事の各委員が日々の経過報告、館の状況を説明報告し、問題があれば取り上げて議論された。夜おそく酒を呑んで帰って来たある館生が乱暴したことがあり、その日の総会で取り上げられ、非難されて謝罪したりした。私のいた三年間でこうした揉め事はこの一件のみであった。設立期よりの自治は、このようにして館生によってかなり徹底して守られていた。

長善館でなんといっても有り難いことは館費の安いことであった。当時月額二千五百円で、これは国立大学の寮とくらべても少し高い程度である。食事が出されるのは朝と夕のみ、昼食は自分でとった。当時はまだ食糧難の時代で、夕食はパン又はうどんの日が週に何回かあった。おかずは粗末なものであったので、各

自で適当に買って食欲を満たしていたが、館生は一般に豊裕な家庭ではないので、せいぜい海苔のつくだ煮、塩辛、とろろこんぶ程度で、カレーライスの夜は、それが余っているのを見とどけて翌朝早く起き、残ったカレーをかけて食べるのが楽しみであった。食事をしない時は予め申し出ておくと、その分の食事代を返金してもらえるので、これも有り難いことであった。

このように格安に生活できたのは、長い年月に及ぶ郷友会の皆様方のご援助によるものであり、今更ながら感謝の気持ちで一杯である。先輩の郷友会の方々とお会いできるのは毎年一回行われる長善館創立記念祭（四月）と一月の郷友会東京大会であった。四月の記念祭には粗末なホールに正装した立派な方々が見えられた。山岡万之助さん、笹岡末吉さんもその時知った。笹岡さんは大きな目をくりくりさせながら「めでためでたの若松さまの……」と大声で高遠藩主からやがて会津藩主となった保科正之のことを面白く話し、その時の印象は今も鮮明である。

笹岡さんが郷友会のために尽くされ、郷土史についてもかなりの学識をお持ちであったことは、郷友会の茅野理事者（副理事長）を長くおつとめいただいた医師竹内丈夫先生から後にお聞きし、もっと多くの事をお聞きしておけば良かったと悔やまれるのであるが、このような立派な方々が多く見えられたのである。一月の郷友会の東京大会は出席すれば洋食がいただけるとの評判であり、私も一回参加してその初めての味を知ったりした。

昭和二七年に燃け残った鉄筋コンクリートの部分を利用して六室が増設され、畳、天井も新しく入居できることになり、館生は三〇人をこえた。人数がふえると行事も盛んとなり、いろいろと特技をもつ人もあって、ホールで歌を指導してくれる人も出た。

私は昭和三〇年大学を卒業して郷里に戻ったが、多感な青春の時代勉強ができ、互いに切磋琢磨し合い、親しく語る機会と友人をもつことができた長善館での三年間の生活を限りなく幸福であったと思い、長善館を運営していただいた郷友会理事の皆様方、当時館長の青木貞亮先生、副館長関之先生、その他多くの方々の限りない恩恵に深く感謝して厚く御礼申し上げます。

長善館も昭和三四年に調布市仙川に移りましたが、自治の伝統は伝わり、いよいよ発展の様子とお聞きしています。更なる発展を願ってやみません。

付　中島の遺稿その他資料

資料

（資料1）米沢村丁酉会『深山の璞《あらたま》』（明治三四年一月発行中島諏中在学中）掲載
「岩間の桜」中島喜久平「手長山冬枯の記」小平権一……142
（資料2）諏中学友会誌第一号（明治三六年一二月発行）掲載「会史」……146
（資料3）諏中学友会誌第一号（明治三六年一二月発行中島一高在学中）掲載「校歌試作」雪窓……164
（資料4）諏中学友会誌第一号（明治三六年一二月発行中島一高在学中）掲載
「郷健児に呈す」中島喜久平……167
（資料5）諏中学友会誌第二号（明治三七年一二月発行中島一高在学中）掲載
「寒夜の読書」中島喜久平……173
（資料6）諏中学友会誌第二号（明治三七年一二月発行中島一高在学中）掲載
「須らく自奮すべき所以を論じ併せて諸子が輓近の行為に及ぶ」一高中島喜久平……177
（資料7）諏中学友会誌第二号（明治三七年一二月発行中島一高在学中）掲載「呵々録」雪窓生……188
（資料8）諏中学友会誌第三号（明治三七年一二月発行中島一高在学中）掲載「花草鞋」中島茨水……194
（資料9）一高校友会誌第一四七号（明治三八年五月発行、一高在学中）掲載「覇権掌握論」……199

〔資料10〕諏中学友会誌第四号（明治三九年一二月発行中島東大在学中）掲載
「生徒間の制裁」中島喜久平……209
〔資料11〕諏中学友会誌第六号（明治四〇年一二月発行中島東大在学中）掲載
「諏峡文化優劣原因論」在大学中島氷雨……218
〔資料12〕諏中学友会誌第七号（明治四一年八月発行中島東大在学中）掲載「くちなし集」中島氷雨……223
〔資料13〕諏中学友会誌第八号（明治四一年一二月発行中島猪苗代電気㈱在職中）掲載
「折井君の遺書」中島氷雨……225
〔資料14〕諏中学友会誌第九号（明治四二年一二月発行中島猪苗代電気㈱在職中）掲載
「折井亮君追悼の詞」中島氷雨……235
〔資料15〕諏中学友会誌第九号（明治四二年一二月発行中島猪苗代電気㈱在職中）掲載
「玉蜻集」中島氷雨……237
〔資料16〕中島董畝『偉人伊藤公爵』（明治四三年二月発行中島日本橋若尾銀行在職中）一部……238
〔資料17〕諏中学友会誌第一〇号（明治四三年三月発行中島日本橋若尾銀行在職中）掲載
「所謂蔓を論ず」中島喜久平……256
〔資料18〕諏中学友会誌第一四号（大正四年三月発行中島病没後）掲載
「中島喜久平君を哭す」藤原咲平……262
〔資料19〕諏中学友会誌第一四号（大正四年三月発行中島病没後）掲載「覇府柳営帖」竹の人……270

〔資料1〕米沢村丁酉会「深山の璞《あらたま》」

岩間の櫻

中嶋喜久平

牧小屋さして歸り行く牛の歩と共に、夕くれ遲かりし春の日も、野寺の鐘の聲にくれそめて、雲井はたても色あせたりければ、そゝりたつ岩根にいとうるはしき山櫻の一もとは、折から照去かゝりし朧月にむかひて云ひさるやうは、やよはか親しき月の殿よ、われはかつて隅田の堤に時知りがほに咲きそろひ居りしか、綺羅

の香に汚され、歌舞の聲に攪されて、名利をあらそう此世をはかなみ、虎伏す野邊のはてとも云ひつへき、この美篶かる科野のそての、峭壁萬丈むす苔青く、水清き谷の川音、雨とのみきこゆる所にのかれはてゝ、東の空は卯の花みだれ咲き、杜鵑雲井になのらん今日此頃、わつかに數輪咲きそめしが、邪なる荊棘は所せまきまてひろがりて、われをかこみ、柴人樵夫の丁々たる伐木の音は、樂しき眠りの夢をさまし、心なきつたかづらはおのれがからたを纏ひのぼる、げに淺間しきものは浮世なるぞかし、あはれ愛の光りにみち〳〵たるわか月の殿よ、せめては百なりとも清淨さはまりし、月宮殿の御園の池の清冽、氷の如く水の面に仙掌に似たる圓葉は玉の露を宿して搦すへく、紅きは曉色をおびて佳人の初めて眠をさすが如く、白きは翠織ふうつりて仙妃の雲のあひだにほゝゑむが如き、俗後の花の傍ふうつし植うるはたまはらずやと、傍へなる谷川に影やどし居りし朧月は答へて云ふやう、聞けわか親しき櫻のぬしよ、われは月宮殿の愛の神のむねをうけて、霞たちこむる春の夜も、霧たなぼる秋の夜も塵の世の人の迷ひをさかんとて、夜な〳〵照り渡るなるに、邪なる名利の曇をはかれらか心の鏡をさへぎる果敢なさよ、實に頼みなきは下界の人にこそあれと◎言をつぎて倘何事をか云ひさしたる刹那、妖雲油然として月を斂ひ、朔風一陣棚花をちらして落英紛々たり東天やうやく白く、野寺の鐘また〳〵響き渡りやかて再び名利をあらそひ、權貴にこぶる人の世とはなりにける、知れ殊勝なる櫻の花よ、ぬれもまたか、る小天下に苦脳齷齪たるものなむや◎

手長山冬枯の記

小平權一

いくとせの雨に打たれ、雪にさらされ、半ばくちて傍へに傾き懸け渡せる注連も、亦いつの名殘ならむ、雀の巣など散らしかけしかと、あやしまるゝ迄に打ちふるびたる華表の内には、木の葉落ち去り骨の如き老木あまたそば立ちて、技に通ふ嵐の音は太古の響を傳へ霜にうるほふ石壇は千年の苔に埋もれつゝ、あたりの景色なにとなく物さびたるに、奥の暗き方にほの見ゆる鎭守のみやしろの、こも亦古木と共に老い、落葉とひとしく朽ち果てゝ、人の巧みのあとなどもたほねぬ迄に、よく天然の錦きか染まりたるは、金玉の光りにもまさりて、云はん方なく貴し、昔健御方刀美の神天

上の命に從ひ奉らずして武甕槌命に追はれつゝ、諏訪の地に來り遂に諏湖の南岸に居しづまりまし〳〵ぬ、かくて多くの開拓をなし、亦あまたの手づよき下臣ありしにや、其の中、足長手長は屈強の者なりしと、是れ其手長の臣の靈魂をまつれる社なり、かくも貴くあまつさへ久しき年月の間なれば、そも幾代の村人等切なる祈願をさゝげつゝ一鄕の守りと賴みまつりけん、炎天つづく春の雨乞ひ、やみはやる夏の厄拂ひなどはさらなり、夫の旅路の安からんを祈りし妻も有りしならん、子の疱瘡のつゝがなくなほらんを願ひし母もありしならん、あるは隣村との相撲の技に勝たせたまへと賴みし壯丁もありしならん、あるは責めて我孫の生るゝを見せて死なせ給へと涙も共にかきくどきし老媼もありしならん、其千態萬狀の所願は一々神のきゝとゞけ玉ひけん、大願成就の額こゝにもあしこにもあまた打かさなりてかゝれど、已れいかで冬枯の景色のみにて過さんや、雪の積りたるが如き落葉の內をふみ別け行きて、遂に手長神社に詣でけり、折しも空には一点の雲もなかりしが、今日の名殘れ日影はや落ち行きて、下弦れ月はいよ〳〵高く、霜氣しきりにはだへをれかして芝生に霜れ花を咲かしむ、面うつ湖上の風は針を苞むが如く、水面はの暗くして、今迄浮びし舟も皆散り去り、月冴ね渡りて波しづかなるに、忽ち一群の水禽はすさまじき羽音をなして天龍下邊に飛びされり、四方の山々紅葉は全く地に落ちて誠に物さびし、遠く守失山れ峯など白帽を戴きをつて杖を曳きし名殘を思ひ出ださる◎

やがて下りて社前に至るに、一帶の雲月を蓋ひて、朦朧たり、寒さは以前に倍し肌に志みてたへ難かりしかば、かたみに木の葉など持ち來りて、うづ高く積み重ねて火をつけんとせしに、霜にうるほひたるにや、こみには燃へんともせざりしがやかて火勢を得、炎、數尺に上りて枯尾花、かげろうれ死骸なといと哀れに見ゆ◎

人の一生も亦然り、玉擊の都れ中に棟を並べ甍を爭へる貴き人が一朝白き毛を頂く頃となりては早や手長山前の枯尾花の如く今日は乳なぞ乞ひし幼子も白髮の老媼となる、吁はかなきは人世なり、春にありては今日をさかりに咲き匂ふ尾花も、忽ち秋となりて枯死す、寳に日月は人を待たず少年の時に學ばずば老いて悔ゆ可し青年に勉め勵まざれば老後の樂みを得る事かたし、されば人たるもの青年時代に勉めて勵み、怠るべ

からず、時間ほど貴きものはなし、時間ほど繰り返へしのつかざるものは亦とあらじ、昔平の清盛天をもしのぐ勢をもて太陽を呼び返さんとせしもかなはず、亦權勢甚しき人は理を不理となし物をも取り返す事あり然し時間に至りては一度經過せば、如何樣なる術策を各國帝國會議に於て施すと雖も、返し得べからさるなり、かゝる一失すれば又得がたき、ひまを如何でか徒費す可きそれ人世は今此の尾花の如く、忽ち老い至るものなれば、いかで怠りてよかるべきか、たへなる松の百草にたくれて強固なるを見ては、いかなる艱難にあふともたゆたふ事かある可き、有望なる青年等は益々勉むべきなり、火の暖かなるに連れて皈るをも打忘れ、雜談にふけり居る折柄月は哀れをそへて、霜は夜と共に深く猶も一層の淋しさまさりて、朦朧月夜に杖ひきて皈りぬ。

〔資料2〕諏中学友会誌第一号

會史

山水の明媚なる氣候の順和なる天産の豊澤なる、民俗の優雅なる、實に渾然たる諏訪の地に設立せられたる諏訪中學校學友會は如何にして創設せられ、如何にして變遷發達せしか。然も本會の歴史はこの山紫水明、天下の美を輻めたる天地に於て數年間經行したる一塲の仙游なり。然れども其仙游たる決して仙境幽界にのみ彷徨ひしにあらず、社會に於ける變遷のごと、國家に於ける浮沈の如、わが學友會も亦幾多の變遷浮沈を經て、漸く仙遊の筆を得るに至りたるなり。創設以來年を重ぬる未だ數星霜に過ぎずと雖も、今日の隆盛を致せるもの誠に故なきにあらず。此の優美なる地、此の盛大なる會にしてこの光輝ある歴史あり。會員たるもの激昂奮勵いよ〻本會の繼續隆盛を謀らざるべからず。茲に會史を擧ぐるに當り先づその起原、沿革、發展の狀態に關し其の要概を述べ進んで現狀に論及せんとす。

○起原及第一回、

本會の起原は實に明治三十一年九月十四日にして川面先生送別の當日なり。此日本校生徒は全体一致を以て會の設立を可決し各組二名の委員を選び會則編成の事を委任し、爾後委員は熱心其事に從ひ遂に之を規定し職員の認可を經て十月廿九日會則により役員選擧を行ひ、以て確たる役員を定め茲に初て其創立の礎を堅牢ならしむるを得たり。抑も本會の目的とする處は本校生徒間の親睦を深うし校風養成につとめ師弟相共に研究練磨し智德体三育併立を計るに在り。而も其第一回は十一月三日天長の佳節を総り

て直ちに一同講堂に會し發會式を擧げ、次で第一回を開きたり。此の佳辰に當りて本會を開きしは、かしこくも天長の佳節のごと誠にその隆盛永久を期せばなり。第一回出會者は客員（當時學校職員）八名會員百六十名。あゝ此時に於ける客員の懇篤及び役員、會員の熱誠果して如何なりしぞや。之れ實に會の本起原なり、創立なり。あゝ建設者の偉業長く本會靑史に傳えて後進の鑑とすべき所なり。

◎明治三十二年度

○第二回。二月十一日紀元節をトして開かれ、爾來有志者を以て組織せられし尙武會野球會を合一し新に學友會といへる名稱の下に屬せしめ此に學友會を三部に分ち第一演說討論部、第二野球部、第三擊劍部の三となす。隨て役員、會費其他規則に修正を加へ大に其の面目を新にし會員をして運動の普及に便ならしめたり。

○第三回。五月廿七日を以て開く。談論最も盛にして終りに役員改選を行ふ。當時會長。副會長。各級一名の常議員。各部の正副部長及び會計員二名を置きたり。但第一部正副部長は、正副會長之を兼ねたり。

○第四、五會、八月二十八日第四回を開き、十一月十一日第五回を開く。三部ともに發展し特に第一部はいよ／＼其の盛態を見るに至る。第五回に於ては役員改選を行ふ。其結果從前の通りにして唯二三の小移動ありしのみ。

こゝに特書すべきは爾來苦心慘憺本會の創立及盛整に力められし役員數名が或る事情の爲め斷然立ちて東都に遊學せられたれば一時欠員を來したる事これなり。吁此後に於ける學友會は如何なる境遇を經たりしものか。惟ふに明治三十一年度に於ける本會は駸々として發展せりと雖も創設以來日尙淺く、經營

多端未だ平安の季といふ能はず、時に或は錯事紛々。以て翼を青雲に飛す能はず、然も其の錯事たる延いては來年度に及び所謂懐疑は進んで破壊闇黒時代を作りたり。蓋し其の錯事たる何によるか。破壊たる何れを意味するか。

◎明治三拾三年度

○第六回。二月廿四日雨中体操場に開く。あゝ此の第六回學友會こそ本會の最も朦々、否、激昂せる時にして悲風暗憺物議轟々人心恟々たる時代なりき所謂暗黒とは他にあらず此時代を呼べるならむか。吾等は想回す斯の『愛情は社會のセメントなり』といへる演説を。言語抑揚頓挫、論旨整々滿腔の熱情を吐露したるは必竟何れの事をか諷したりしか。一冊天の授くる所として胸中より取り出し隨感錄は何が爲めに朗讀せられざりしか。不平の聲は何故に沸騰し來りしか。嘆聲は如何にして發せられしか。風蕭々易水寒と歌ひしは將た何か。

また此時本會々誌の發行につき某氏の建議案ありしか憐むべし當時無能なる會員は殆ど滿場一致を以て否決せり。次で役員改選を行ひ茲に學友會役員は第二回卒業生に讓る事となれり。

○三月廿日臨時會を開き第六回學友會に於ける決議案（是所に記さず）を取消し、其結果第一部にも部長副部長を置く事を議決す。

○四月廿五日臨時會を開き、修正規則の實施を認め第一部を談論部と名け、其回數方法等は役員會の決議に任せ、補欠選擧を行へり。即ち三、六、九、十二月の四回を第一部會とし第二第三部會は五、十の二ケ月に大會を開き、本會臨時會は臨時開會と定む。

○第二第三部大會。三月廿六日兩部は校庭に於て盛に競技を試み午後茶話會は体操場内にて開かれ、何れも和氣靄々として本會のいよゝ盛大に進む兆を示せり。蓋し今後盛大に活潑に運動競技を力めしは其の源をこの時に起す大なりといふべし。當日學友會に於て表はれし議案は會則變更問題とボート購入問題となり。抑も學友會にては學友會常議員を以て決議せる會則を實行しつゝありしが學校職員は之を以て滿足せず今回茲に大變更を爲せしなり（新會則は茲に記さず）。ボート購入問題は會長の發議を以て提出さるゝや滿場一致を以て採決せり。而も會員は非常なる熱誠を以て之を決し、其入費に關し次の剛毅なる決議をなせり。曰く「會員は本年度菓子を食ばずしてボート購入に資せん。『會員は金五十錢を出しボート購入に充てん。『賛助員（新規則による）より金五拾圓以上の補助を仰ぐ事』と。あゝ當時會員の熱情追懐に餘りあり。今茲に會史を記し來りてそが當代を懷想すれば轉ゝ滿身血躍り、覺えず腕を扼して現狀に泣く。………

されど悲哉『暫く待て』の言を以て事遂に中止するの止むを得ざるに至れり。吁鷲湖は碧浪を擧げて吾人に海國思想を與へんと、來る遲きを責め顏に待てる也。吾等行かんと欲して遂に行く能はず、宜しく天を仰いで大息せしのみ。此時の落膽涎涙果して如何なりし、會長の悲憤果して如何なりし。

○第一部會、六月十六日例會場に開く、辯士は滔々と言ひ去り言ひ來り誠に快辯。而も慷慨の情滿場に溢る役員改選を行ひ新に各部に顧問を置く。

○第一部會、九月拾四日開會。來會するもの僅かに參分一これ茶菓なかりし爲か。あゝ諏訪の奇骨男子……我校の快靑年三ヶ月前の氣慨何處へか去れる。茶菓吾に於て何かあらむ。迷ふなかれ斡枝何れ

を採るべきかを。第一部會の主とせる處何れにあるかそは各常識に任せて今後の盛會を祈るのみ。

○第二第三部大會。十月廿七日運動場に開會。四月以來運動場の種々の事情により使用に堪えざりしにも拘らず其技術頗る進歩し最も盛なるを得たり。天氣朗清觀客四集し加ふるに會員の活技、敏腕一層の壯を増して神氣躍如たるを覺えたり。

當時總務役員會にてはローンテニスを第二部に編入せんと決議し既に注文したれども本校々長には更に之を取消され、次で山路愛山氏の來諏あるや本會にては氏を聘して青年學生に對する所説を聞んとせしが總裁は斷然拒絕せられたり。

○會則と會長と、會則に關して當時會長の意見は會の如なりき。『總務役員會の決議は會長より總裁に具申し其裁定を受けて之を實行す云々とある中「其裁定を受けて」の七字を删除せざるべからず』と。之を以て見るも當時我學友會は如何なる境遇なりしやは知り得るに足らむ。

第一部會、三十四年一月廿一日雨中体操場に開く、蓋し前年十二月中に開會すべき所、多忙なりし爲め延引せり。會員の演說、職員の訓辭及會員指命演說等をなし最も盛會。終りに臨みて役員滿期改撰をなす。散會せしは斜陽己に乘鞍岳の西に沒し今や小坂の梵鐘湖上を渡りて黃昏を告げむとする時なりき。

（註）六月一日一度役員改撰をなし十二月定期會には滿期改撰となり役員は下級生に讓るを會則の一ヶ條とす。

會長職を讓るに際していへるあり。曰く『予は之を會長に受け孜々會務に從ひ新に積極を採用せんと力めたりと雖も失敗と欠點とは數に來れば兩手を擧げて猶足らざるなり、こは總裁と會長とが餘り和せざ

りければ也其説の合はざりければ也聲を大にして次の會長にいふ「總裁と其説を合せよと」と。史を編するに當りて刪修度の宜しきを得ざるは已に其職を失ふもの、知りと雖も敢て激項熱事を擧ぐる所以のものは一に本會の變遷を明にし、後進をして緊褌奮勵せしめんと思ふに過ぎず。願くは先輩諸君之を許し給へ。會員諸君その心して讀み給へよ。要するに三十三年度は暗黑に陷り、また暗黑より出て光明に向ふの線路を求めし時。斯の西史に於ける中古史それの如くならむか。此處に處して整然亂れず光明の慰線に導きたる役員の熱誠こそ永く史上に芳香を放つて銘せられむ。

◎明治三十四年度

第三部、二月十六日擊劍指南の師を聘して腕を錬り、いよ〳〵技進み体操場内竹刀の勇ましく信譚の健男子氣慨凝つたる掛聲轟々、神氣は宙に飛ぶ三尺の魔劍と共に。三月十八日第一部會彙臨時會を開き卒業生祝賀送別會を行ふ。

○端艇借入の議決す、先年學友會に於て最も著かりし議案は端艇購入の件なりとす。此議は滿場一致を以て可決せられたりと雖も悲哉種々の事情により之を斷行する能ず遂に當時の熱情は今日まで各自の胸中に潛められたり。適島崎なる前田氏端艇二隻を購入するあり。總裁は會長に謀て曰く『ボート購入の事、本會の事業としては小なりといふを得ず、且機運の如何によりては縣會の決議を經て學校に設置するを得るも遠からじ。されば目今は現在前田氏が購入せる競爭用ボート二艘を借用せば得策ならずや』と。即四月廿二日總務役員會を開き次で端艇借入の議を一般に可決し、尚其の借用法に關し茲に數條件の規約を定む。又會費一ヶ月十錢とし、ボート部を學友會第四部と名け、毎年六、十の二ヶ月に大會を

開くことゝせり。あゝ此時吾等の喜悦果して如何なりし、………………吾人は叫びたりき「山嶽四周せる諏湖小なりと雖も經一里余、吾等朝夕の漕艇に應てゝ萬々足れり。海國男子、神州男子、海國思想を養ふは此時なるぞ。奮え吾校の青年、他日將に南洋に航し北海を探り、西に東に怒濤狂瀾を蹴て四方の志を全ふせん』と。

五月一日端艇貸借證書の交換を行ふ。

○第三部廢止の議出づ。始め本會第三部即擊劍部にては術具を購入し或は修繕するには專ら本會々費を以てし毫も學校と關係を有せざりき。然るに此度校長は劍師二名を聘し生徒一同を集めて、自今本校課外の一學課として教授する旨を述べられたり。是に於て本校は學友會といふ一箇會の費用にて購ひたる術具を以て學校の教授を行はんとする意義となり、本會にては第三部經營の要なきに至れり。故に會長は總務役員會を開き該部を學友會より分離せんと欲する旨を告げたるが顧問は確答に苦しみ遂に總裁に謀る。總裁種々辯論の末、指南劍師を會に寄附する事及び本會窮費の場合には本校豫算中より若干の補助を與ふる事を公言せられたり。玆に第三部廢止は非決となれり。あゝ何たる矛盾事なりしぞや。

○第二第三部大會。五月廿五日運動場に開く。競技は午前第九時より開き野球、庭球、各特得の技を表はし特に第三部擊劍には校外よりの來賓劍客十數名、何れも神通勇壯技を鬪はし非常の活劇を與えたり。技終るや雨中体操場內に茶菓を喫し諸種の美談快論を聞き散會歸路につきしは、すでに夕陽さびしく半面を照し人影長く地に印するの時なりき。

○第四部發會式、六月廿四日發會式を擧ぐ、西風徐ろに湖上を渡り鏡面漣波を作る時戰鬪艦とも呼ぶべ

き競爭艇二隻は富士、天龍。血氣にはやる選手今や朝夕鍛えし手腕を振はんとして意氣揚々。時辰十時を告ぐるや十數の扁舟は三百の會員を乘せて湖上に浮び四集せる傍觀者は湖畔に山を築く。十一時發會の祝詞と共に競爭を始むる赤青の選手銃聲と共に競漕し技終るや拍手を以て迎へられ秀麗壯觀なる諏湖、一層の美趣を添へたり。本會設立以來未曾有の壯擧。その壯話予が拙き筆のよく寫す所にあらず。閉會せしは午后二時半。

第四部發會式終るや体操場に第一部會を開き辯士は端艇競爭の勇意に加えて快絕の調、滔々懸河の勢を以て說を吐き感を述べ次で役員改選を行ふ。其結果異動少なし。

第一部會、九月廿八日例によりて開會し最も盛會。規則改正の議出づ。本月廿七日長野中學生の來訪するや饗應の件に就き校長と役員との間に矛盾衝突を來せり。從來他校に向つて饗應其他の事務を執るに當りて正員以外の手を籍りたる事なし。然るに總裁閣下には今回役員に語らずして書記に命じ饗應を取計らひたるを以て、役員の饗應と重複を生じ却て長野中學諸君をして不快を感ぜしめたり。是に於て役員と總裁との間には諸種の質問ありしが、特に廿八日を以て開かれたる第一部會席上にて總裁は自ら其權利を以て最上のものとし何等の場合に關らず專斷を以て會務を處理し得るものなる事を發表せられたり、玆に於てか總裁の權限問題は沸然として起りぬ、翌日臨時會を開き議する處ありしが三輪先生大に之を憂へられ、此時に當て此事を發するは却て感情の衝突を來すのみにして諸子が從來渴望し來りし規則改正も却て水泡に歸するの恐あり、旬日の間之を默居して感情の和ぎたる時を以てすべし、靑年は時に感情に激して極端に馳せ易き恐ありされば注意すべしと說かれ、一日千秋の思をなして旬日の猶豫を

なせり。其後總裁は會長副會長を自宅に召し學校と會との關係を論じ『此二者の衝突あらざる限りは決して會の自由を束縛する等の事を爲さず云々』と言はれたればこゝに本會規則改正の主意とする所は果されぬ。爾後會長に本會の發達を謀ると共に總裁に對する態度に付て忌憚なく嚮問するの任に當られたり。

第四部會、十月廿六日第四部會を湖上(石投場附近)に開く。天高く氣澄るの季、殊に稀なる好天候、人自ら爽然たり。午前十一時より八組の選手によりて演ぜられ、五月以來鍛えてし、山をも漕ぬく活手腕目覺ましく、競漕を了へて歸校せしは午後二時半。蓋し競漕は非常なる進歩を得。見事吾校生徒の志想一轉し心は常に大海を奔るの慨あらしめたり。体操場に整列し總裁より賞品授與あり。次で多くの評說希望等を語られ、和氣溢るゝ中、茶菓に醉ひて開會せしは午后五時半。守矢の返照今しも消えんとし、日中抗戰の巷いまや波聲穩かにして暮靄に罩められんとす。

○飯田中學との試合。十一月九日飯田中學擊劍部選手九名松本中學と試合の歸路我校に立寄り試合の結果、見事我校の勝となりぬ。あゝ本會有史以來の光明、特筆大書すべき事なりとす。以て第三部の如何に發達せしやは知るに足らむか。諏訪特得の劔法凝つては信南の雄を挫く、あゝ何たる快事ぞや。さはれ古語にいふあり勝て冑の緖をしめよと。況んや彼等決して我より劣るものならざるに於てをや。

訃音 嗚呼十一月廿二日、吾等が敬慕せる校長鵜飼先生には遂に本日午前第一時を以て溘然他世の客とならせ給ひぬ。噫悲哉天何ぞ吾師を止めざる。先生の人と爲り慈愛にして謹嚴、去る十九日迄は剛健なる氣もて校務に精勵せられ肅々敎鞭を執られたり。然るに一朝劇疾遽かに其身を沒するに至る。嗚

呼哀い哉。然りと雖も先生の遺業は其英魂靈魄と共に光輝を後世に放たんとするものあり。先生在天の靈亦以て慰む所あらむ。吾等哀慕の情禁ずる能はず天の無情に歎き涙を悲風に洒ぐ、嗚呼先生今は既に立石山下に永眠せらるゝといへども願くは幽明より吾等が將來を指導し給はれよ。吾等追想懷古して茲に至れば涕泗滂沱として哀痛極りなし。呼哀しい哉。

第一部會　十二月十九日第一部定期會を開く、惟ふに、第一部創設以來未曾有の盛會たらむか。各辯士の論說何れも肺腑より出で熱誠人を動かし然も快辯河の東決する如く、慷慨萬堂に溢れたり。次で役員滿期改選。

會長任を讓るに際し遺す言あり、曰く『乞ふ會務を處理するに當りて感情に走る勿れ、宜しく理性に訴へよ、其言ふ所餘りに平易なるを笑ふ勿れ。社會萬般の難件錯事悉く平易なるものより起らざるはなし。余が之をいふ、唯本會を思ひ本會を愛し本會を敬するの情禁ずる能はざるが爲のみ云々』吁此の言を以てするも當時本會が如何なる情勢を經過せしやを知るの一助たるに足るとせむか。要するに明治卅四年度は、光明を開いて暗裡を照し、蕾を暖めて花となし進んでそが花に色をも添へし時代なり。これより爛漫たる一團の華は芬々たる薫芳を得、遂には美果を結ぶに至らむか。あゝ難關を超えて仙境に踏み初めし時代なり。吾等は永久靑史に傳えてそが勳功を歌はんかな。唱へんかな。

◎明治卅五年度

○擊劔開始、一月十四日、雨中体操場に於て本年度第三部擊劔寒稽古開始の式あり。當日特筆大書すべきは寺島校長が上田中學より本校へ榮轉あらせられ、新學友會總裁として始めて臨會あらせらる。實

に本會の光榮をましぬ。先づ我校擊劔部が他來もしくは他校試合者を相手とし本會を代表しその責任を負ひて試合すべき撰手十人を擊劔部にて撰定し、會長は總裁に乞ひて此等に各竹刀一本を授け以て保管せしむ。授受終り校長より一般の注意を懇諭せられ、次で諸種の試合をなし非常の盛會を以て快を盡し、夕陽を浴びつゝ歸路につけり。

○總務役員會、三月十四日總務役員會を開き第一部定期會兼五年卒業生祝賀送別會を來む三月廿二日開くことゝし尙は數件を定む。

五年卒業生諸氏祝賀送別會、三月廿二日雨中体操場は同送別會の爲めに滿ちぬ。送る者と送らるゝ者との心情眞にゆかしけれ。加ふるに諸先生の訓辭あり。離合集散は世情の常、卒業生諸氏幸に健勝なれ。次で內外員連絡法を講究し、外員諸君の焦慮一方ならず、又某氏は當時革新誌中へ特に中學欄を設けて、中學校に於ける記事摸様等を記載することを勸めたれど之に關しては、其意見方便種々なるより、他日を期し誓ふて決定せんとて、こゝに閉會しぬ。

○總務役員會。四月十八日本會を召集す。九十の春光普く諏訪の小天地に滿ち、公園萬朶の櫻まさに人を蕩せむとす。湖邊の荻荷延ぶる日に寸餘、波光接天、まさに端艇の最好時機たり、乃ちこゝに端艇の借入を議す。玆に本會は其舟の輕くして下級生に適すと、其價の廉なると、會員の增加と運動の圓滿とに着目して、里見氏の經營にかゝる端艇を借用せんと決定しぬ。則總裁の認可を經、翌十九日里見に交涉の結果、數條の件を定めて約を結びぬ。次で役員は尙は前田に步を運び、種々談議の末、遂に新規約を結定せしむるを得たり。當時役員の、非常なる熱誠忠實を以て本會に盡されしを謝せずんばあらず。わ

ゝこれが爲めに漕艇の技の普及進歩せし事著しきものあり。

○第二、第三部連合大會。定期五月十七日を以て本校庭上に開かれぬ。此日天清朗にして一點の浮雲なし。加ふるに御柱祭典につき態々歸省せられたる舊藩は諏訪子爵、仝令室、二人の姫君及家扶等來校の擧あり、同日、本校創立第八回紀念式あり。席上諏訪子の演說及山路愛山氏の演說あり、氣熖萬丈昂々として、天馬の空を驅けるが如かりき。終るや、發火演習を行ひ、耳垢飛んで去り、清爽極まりなし此に拾一時、始めて運動を開始し、二組の野球十有二組の庭球等何れも演じ終りて、擊劍に於では十數組及他來の客等との演技あり。非常の盛大、好成蹟を以て、日西山に沒せむとする頃やうやく技を終へ子爵及學校より賜りたる茶菓を喫了して散會す。年來の盛會なりき。予追想して玆に至れば、當時各競技の非常に進歩したるを視たる也。

○飯田中學生來訪。五月廿一日飛箋あり、飯田中學生より我に宛つ、何れぞ、曰く、我校野球擊劍に對して競爭を申込めるなり。我等天龍川の噴烟にそひ、中信に出でゝ覇を爭ひ、松本中學に於て野球に敗を取りしと雖も、擊闘の技よく彼を壓し、盛力大にして殆んどわたるべからず、勝敗存亡の機はやくすでに決す。彼等の躰軀肥滿なる、氣の凜々たる、早く己に吾を壓す。廿三日朝より校庭に集ひ示威運動をなす。闘技野球孰れも、云はでも知る吾の敗。吁吾等盆大の天地に跼蹐し自ら湖邊の叢中に眠る。閑鷗の夢はかなう破れて數羽の鷲群猛り鳴く。あゝ吾校の健兒襌をしめよ。…………技終りて寫影す、噫吾會歷史ありてより、他と試合せる事幾度ぞ、山間僻地の士は時勢に後る。東都の地、詩人杜鵑をきゝ詩を詠ずる時、吾に初て花の詩あり。憂ひて何の益あらむ、あゝ奮はんかな勵まんかな。

○第四部定期大會、六月五日霪雨霏々、空濶濛々、重陰怒風。明れば六日土曜日風なほ飂颸たるものあり。而も空色はつかにあらはれ、未來の天候を豫知せしめつゝあり。此日本會端艇大會、下諏訪富部湖邊葦花群り咲くあたり。前田の端艇富士、天龍を初とし全体時ならぬ落葉を湖上にうかべ、明鏡の波を破りて銀線をのこしつゝ縱横に漕ぎ廻れり。時辰九時を點ずるや、各級の撰手身を堵して勝を爭ひ、双龍玉を爭ふ如く、兩獅牡丹に狂ふ如く、手を握り腕を扼する勝負總れば湖面忽ち劉喨たる唱歌の聲と變ず、其壯活いふべくもあらず。『八岳おろし吹かばふけ、波やいかりてたゝばたて、朝夕鍛へしこの腕、山をもこぎぬく力あり』。次で高島學校職員及本校卒業生等の競爭あり。午後三時頃開散。一陣の清風雨をおくり來りて、湖面漣波くだけ、狹霧たちこめし光景、一段の凄慘たるものありき。會員蜘蛛のことくちり果て、修羅の戰場は風雨の所有となりぬ。

○規則の變更、本會は時勢に鑑み。經驗に徵し、我會則の疵瑕及欠點を熟考して總務役員會を開き數番の討議の末三十五年度改正規則の通り變更せり。(玆に載せず)、また各部に命じて部の細則を編成せしむ。

○談論部大會、六月十五日を以て開會し、會長新規則を朗讀し一般に知らしめ且其同情を得たり。直ちに演說を初め、諸先生の有益なる說話をきゝ、後茶菓を喫し生徒の談論をなし、黃昏散會せり。本日定期により役員改選あり。此撰擧に於て弓術は新に作り、庭球は野球部より分離す。本來弓術部の設備なかりしが、我會は財政の空乏せるをも顧みず斷然之を設立せり。拓植先生顧問として大に之が設立進步に力められき。また庭球は元來野球と同一ならず、玆に會の擴張と共に分離し斯術の盛巧を計れり。要

するに本年度に於る本會は端艇借入の増加及庭球弓術の設立につき多大の費用を要し、随て財政は空乏となれり。是擴張に伴ふ自然の傾向にして怪むにたらず。

○武徳會演武出發、兼て總務役員會の決議を經て、我會が他の事情に通ぜざる爲屢々他校の恥辱を招けるを慨し、事情視察旁演武の爲め三名を派遣せしむ。（一名につき金拾圓の補助）即ち中島、上田、松井三名これなり。折井事情ありて行ず、中島、上田二名は七月廿四日出發。無事演武及端艇弓術等の視察を遂げて歸省しぬ。特に中島は勝を得て武徳會メタルを賜り意氣揚々歸郷せり、本會の大に光榮とする處。

○内外連絡方針、これに關しては先輩卒業生諸君の心配尋常ならず、先に小松久夫氏あり、後には茅野儀太郎氏あり。よく連絡の方針につきて謀るありしが未だ確立せず。當時役員は大に之が考謀に盡され革新誌の不利なるを知り、會誌發兌を思へども財政許さず、遂に夏季休業、在京外員の歸省を待ち、且信濃靑年團の會を利して先卒業生諸氏と謀りしが要領を得ず、大体東京諏訪靑年會誌を以て方便とせんと定めたれど雜誌發刊の澁滯ありて實際に於て遂に功果を見ざりき。當時會長の言あり、曰く、目今の所は各自卒業生と文通を繁くし、其報告を秘せず、專ら一般に洩すを以て最良策と思考すと。あゝこは學友會の重大問題にあらずや。本三十六年度に於て此の機關誌を編むを得るは實に編者の喜悦に堪えざる處。あゝ力めんかな、内外員連絡の爲めに。

○談論部會、九月廿五日に於て開かれたり。最初武徳會視察報告あり。有志者、指名者等の演説、秘極を盡して抑揚流暢述べ去り、續て諸先生の懇切なる談話あり。終りて會長は新決議を報告す。決議の要は、貯蓄。細則制定。内外連絡法。メタルの授與、製造及模樣、豫算、授與法。大會を十月中旬に於て

二日間執行しメタルを授與する事等なりとす。

○四年生の提議、四年生が提出せる建議案を斟酌し、總務役員會は本會の規則を左の如く變更せり。第五條の中『總務役員會の決議は會長より總裁に具申し、部役員會の決議は部長より會長を經て總裁に具申し其裁定を受けてこれを實行す』といふ條を『一本會に關する特別重要の件は殊に總集會を開きて決議す』『一決議は凡て會長より總裁に具申し其裁定を受けてこれを實行す』と變更したるなり。當時吾等四年生に對して此變更が如何に必要なりしやは推量せよ。是を以て當時の學友會は如何に上級權が高かりしやを知るに足らむ。

○飯田行。挑戰。十月の末、本會野球擊劍兩部共に飯田へ向て出戰を企つ、適我校修學旅行の擧あり、則ち飯田へ進軍す。同日飯田中學に至り擊劍をなし、脆くも大數に於て我校敗を取る。正午より野球を始む當時我校野球の進歩いちゞるしく、彼等に恥を雪がむと思ふ念力、凝りなす三尺の劍、意氣萬丈遂によく彼を壓倒し、美事雪恥したるは我會歷史上特筆大書すべき一事なり。我本年度の野球部また誇るに堪へたり。さはれ油斷すべきならず。次で

○長野の試合　北信の風雲、十一月一日長野師範に於て中學師範連合大會を開く、我校にても、野球十一人、擊劍五人を出す、不幸にも當日は天曚々雨ふりしきる。由て擊劍のみ演技し、北信の士、骨堅くして我校五名もろくも敗る。此時の勝利は凡て師範の手に歸す。あゝ此恨は暫く忍で後日の會員に殘すのみ。直に長野を辭し、明後、天長の佳節を以て松本中學に擊劍野球の仕合を申入る。劍擊は敵方强からず、野球は彼等の熱球わたるべからず、九回の仕合遂に我敗となる。上田は師範に破られ。師範上田

は總て松本の破る所となれり。將來における我校の野球果して鹿を中原に逐ひ得るか。我校の擊劔果して北冈を鏖殺し得るか。共に奮勵百番孜々修養に怠る勿れ。
○秋季運動大會、十一月七、八日に行ふ。未明より弓術部は校庭に矢塲を作り、金、銀、花、藤、雁、千鳥の六的を競射し、優美言外の感あり。弓術部設置以來日尙淺くして此進步あり。未來その發展果して如何。擊劔、野球、庭球、皆勇躍秘を用ゐて競技し非常なる盛塲、寔に本會の光榮を張れり。
翌日、湖邊に競漕あり。天氣明徹、湖心淸澄、赤白の帽子、楫を揃へて、横行縱走飛鳥の如く、片鴨の如し、秩序整然、進行速く、最後第一選手の一方には信濃民報七ヶ月分の懸賞落ちぬ。選手の氣焔當るべからず。海國思想鍛ねて近き未來を思ふ。…………頗る盛會…………あゝ樂喜勇壯の擧と謂ふべし。
○定期談話大會。十二月廿日開會す。部長最も熱心に盡力し、辨士は大河の滔々東に决するが如き快辯をふるひ、意氣滿塲に溢れて、辯論を練る寔に未來有望、人をして思はず快と叫ばしめたり。當日は役員改選あり。舊會長一同に辭し、職を讓り、本會役員は即ち本年度の新面目を視るに至れり。あゝ是に於てか學友會…………親愛なる本會は吾等の時代とはなりぬ。
卅六年を迎ふ。年末事々多端の裡に奔走して、明くれば、卅六卯の年を迎へぬ。顧れば一度發したる彈丸は復た返らず。一日の差を以て、昨日卅五と呼びし歲は遙に飛んで去りぬ。轉々移り行くは人生の常。

癸卯の春二月も、四百余州の山あせて、鷄林八道水睡る。など、ストーブ會議に日を暮し、北海雪は深くとも辿れ剛毅の戈とりてて、ふ雪中行軍に時を過し、寒風すさぶ湖邊の兒今や机に離れざる季

とはなりぬ、こゝに三月、學年の試業も終り、天晴卒業せしは、廿餘名の健男、所謂、「志在千里」の烈士なり、

三月下旬、卒業生祝賀送別の會を開く。盛に祝別の意を表し、特に師弟の辭氣懇切謹嚴、温情滿面に溢れ、和氣滿天に漲る。懷想こゝに來れば、其光景眼前に髣髴たり。次で四月新に本年度の始業となり、職員更迭あり。即ち、尾崎先生は上州安中中學へ、常松先生は長野中學へ、何れも御轉任せられ、新に中島、長田宜、駒田義三郎、樋口爲之助の四先生を迎ふ。是に於て本年度の本校は着々歩を進め今日の盛運を致しつゝあるなり。

詳細は本誌雜報欄に本年度記事順次擧げあれば茲にそを述ぶる要なし、以て姑く記史の筆をとゞめつ。

要するに卅五年度に於ける學友會は積極に力めたる也。曰く、擊劍、野球は數度の外征により、意、氣、ともに昂り、庭球弓術は新設せられ、特に庭球は長足の進歩を爲し、獨り端艇は、夏季休業中、高等學校のチャンを聘せし爲、或一部の人は妙技を得たるも、普及的に論ぜば或は衰兆を表せり。而も外征は財政の困難と伴ひ、爲めに中止するの止むを得ざるに至れる事あり。端艇購入、會誌發刊等これとす。然して各部細則の編制未だ完成せず、北信の蹂躙、中原の逐鹿未だ果さず、メタル事件は或事情により て中止す。瞑目沈思深く、昨年度を顧れば、實に本會の花の開きたる時、否、花に芳しき香を與へて、本會を廣く世に紹介したる時代なりしなり。財政困窮より會費は毎月拾五錢を徴せしと雖、長足の進歩發展は疑を容れず。

之れ、しかも監督者その人を得、役員その職に忠實なりし結果と雖も、時勢の然らしむる處、與つて大なりと言ふべし。誠に先進の熱誠相嗣ぎ來り、顯はれて茲に此の盛勢を至す。あゝ秀芳馥郁たる花の時代なるかな。

然も愈矯風に盡し、實質的改良を加え、完美なる實を結ぶは近き未來に於てなるべし。吁、吾等力めんかな、積極に、消極に。予は憚る處ありて茲に現狀を論ぜざらむ。

尙は進んで、其果實を取り、之を蒔き、之を培ひ、改め進め、愈々隆盛ならしむるは後進諸君の力によらむか。あゝ我會の前途多望といふべし。願くは輿論大勢に從ひ、上下親み、純乎として秀美せる一結團体たらしめよ。吾人祈らむ哉、隆盛を發達をと

予、史を編むに當り、古今の大勢を回想し、英雄の末路宦に慘劇悲寥の歷史を以て埋むを悲む。沙羅雙樹の花の色のみ盛者必衰の理を示すものならんや。榮華は春夜の短夢の如く、蓋世の英雄も一塊の土に歸すれば賞讃の聲も久しくは聞えざるなり。五丈原の白露、セントヘレナの泡沫、よく吾人の先鑑たるに非ずや。

吁、夫れ仙遊を擅にせる我會員よ、刮目せよ、今や低氣壓は遼東海洋に襲來して、滿州朝鮮の警戒を促すこと急なり。

＊　＊　＊　＊　＊　＊　＊　＊　＊　＊　＊　＊　＊　＊　＊　＊

俯仰默々時移り、世變りて、而して會史の梗概を記せるもの、讀んで何等かの感あらば幸甚。

願くは、才足らずして先輩の正史を錯雜せしめ、却て妄言不快を感ぜしめたるを恕せられよ。（終）

〔資料3〕諏中学友会誌第一号「校歌試作」

仝　上

雪　窓

あゝ搏浪《はくろう》の槌《つい》とりて
打破《だは》せむ腐鼠《ふそ》の奴原《やつばら》が
彌生《やよひ》半《なかば》のこの夢《ゆめ》を。

（一）おしてる難波《なには》の群《むら》わしの
よは昏々《こんこん》と華《くわ》にねむり
赳々《きうくう》武夫《ぶふ》のおもかげは
氷《こほり》に鏤《え》りし玉樓《ぎよくろう》の
消えてあとなしあなあはれ。

（二）空《むな》しかるべきをの子《こ》やも
いで獨歩《どくほ》せむ天地に
わしがかゝなく八岳《はちがく》の
山《やま》高の骨《はね》ゆく青雲《あをくも》の
たかき志《こゝろ》を身《み》に負ひて。

（三）ひらかばならむ梓弓《あづさゆみ》
はるの古《こ》城《じやう》のはつ花《はな》と
躍《おど》らばならむ天龍《てんりゆう》の
風雲《ふううんし》紫閃《せん》の間《あひだ》より
空《くう》を凌《しの》がむ勢《いきほひ》と。

（四）怪鳥《くわいちやう》かけらふわたつみの
中《なか》に碁《き》布《ふ》せる亂島《らんとう》や
雲《くも》たち迷《まよ》ふ國原《くなばら》の
あをひとぐさはたによりて
平和《へいわ》の二字《にじ》を得《え》むとする。

（五）春秋《しゅんじう》多《おほ》き青年《せいねん》が　わざにたぐへば筑波山《つくばやま》
はやま繁山《しげやま》しげからじ　濱《はま》のまさごもいかでかは
われ等《ら》たゝずばよをいかむ。

（六）いざや友垣《ともがき》とぎおろす　破邪《はじゃ》の利劍《りけん》にうつる身《み》の
よしやつるとも大君《おほぎみ》に　南洋東亞《なんやうとうあ》の人《ひと》の子《こ》に
つくさでやまむ心《こゝろ》かと

（七）朝嵐暮烟《ちやうらんぼえん》名細《なぐは》しき　湖山《こざん》の中《うち》にゐでもれる
覇《は》氣《き》喚《よ》びおこし武《ぶ》に文《ぶん》に　この世《よ》をさます床虫《とこむし》と
ならでやむべき此身《このみ》かは

（八）あゝ麗水《れいすい》に金砂《きんさ》あり　崐岡玉《こんかうたま》を出《いだ》すとか
亂麻《らんま》をたつの英傑《えいけつ》は　其地《そのち》人士《じんし》の精粹《せいすい》の
凝《こ》りては出《い》づと知《し》るや君《きみ》。

（九）再《ふたゝ》び槌《つち》をふりあげで　いくその魔《ま》をばくだけかし
夫《そ》れ質實《しつじつ》をたてにして　やよ勤儉《きんけん》をよこにして
織《お》りも出でなむ校風《かうふう》を。

（十）山《やま》をもぬかむ意氣《いき》をもて　海《うみ》をものまむ慨《がい》をもて
鐵槌《てつつい》三《み》度《たび》かざしては　あらが手《て》ぶりに靡《なび》けとや

をたけべ友《とも》よ茜《あかね》さす
朱儀《しゆぎ》八荒《はつくはう》を照《て》らす時《とき》
芙《ふ》蓉峰《ようほう》頭《とう》一點《いつてん》の
理想《りさう》の花《はな》の咲《さ》かむまで

郷健兒に呈す

中島喜久平

士別れて三日將に刮目して待つべしとは何等壯快の言辭ぞ。余一笈一杖鹿鳴を歌うて故山の煙霞を離れこゝ紅塵の巷の人たりしより、月日の小車轉ずる事既に半歳。なほ蠢爾として汚街にはらばひ、秋毫も自ら開發するなし、眞に忸怩に堪へざるなり。然も菲才の故を以て辭せず、葉月頃なる青柿の澁き筆を揮うて、敢て諸君に喈々の語を寄するものは何ぞ、諸君を思ふ心の色、吉野龍田の花紅葉より深きを以てなり。

あはれ親愛なる三百有餘の諸氏、諸氏は山の紫と水の明と相映發する靈地に生を享け、炬燵よりも暖きかぞいろの慈愛に浴し、甞ては飴を含みて泣を止め、一串の團子に破顔したる事もありき。今の富士の根の高き望を身に負ひて、いかで世の奴原が昏々たる夜半の睡を醒す警鐘たらではやむべきと、朝な夕な學びの窓に集ひ給ひ、孜々研鑽にこれ努めらる、眞に欽慕に堪へざるなり。嗚呼諏訪盆大の天地た

る、湖山の明媚なるは言ふも更なり、四際浮華の地と連なるに幾多の函谷關を以てし、質實古雅の風なは俗界に卓立するものあり。諸君は今や此風光の精を採り、此美俗の華を奪ひ、剩へ無缺なる校舍を占有し、めぐみ深き諸先生の翼下に抱かれ、心閑かに異日雄飛のエチルギーを涵養せらる、あゝ諸氏の天より享けたるもの何ぞ此の如く深厚なるや。然はあれど諸君にして諸君が眞に多幸兒たるを知る者果して幾人かある。

諸氏試に眸を轉じて秋天の星屑より多き所謂都下の學校と云ふ者を視よ。彼等は神聖なる敎育事業をして一の商賣視するの日久し、罪科も亦甚しからずや。數名の缺員あるに當りては、新聞に雜誌に巷街の土塀に堂々たる廣告をなし募集を宣言す。霧集して試驗に應ずる徒は先づ高價なる用紙を購ひ、束脩を收め、幾多の熱血を絞り去られて後雲散せざるを得ず。如何となれば撰を得るもの一二輩のみ、斯くして數名の缺員に對して數回の募集をなす、此に及んで束脩金は積で泰山をなし、或は北斗に達す。あゝ何等の醜態ぞ。憾むらくは余に炬の如き觀察眼なく、彼等奸謀の萬一を探知し難しと雖、是を以て彼を推さば亦思半に過ぐるものあらむ。あゝ隆然として湖畔に聳立し夕照なきに赤きを帶ぶる學び舍は、余輩が嘗て五星霜破机に對して孜々たりし所、賄に信公あり、小使室にも三個の藥鑵あるを知る、況んや其他に於てをや。嗚呼余輩が既に知る所を以てするに、我校は眞に覇を天下に稱するに足る。

然るに諸氏或は田園に蟄在するは以て時勢に後るとなし、徒らに螽を學びて都の空に一躍せむとす、何ぞ謬れるの甚しき。維新の俊傑たりし南洲翁が上野園内の冷なる銅像と變り果たりしより、勤儉尚武の風蕩然として地を拂ひ、都下織るが如きもの、左顧右眄多くは長劍高履の士に非ずして、首を曲ぐる能

はざる程の高標を纒へる蜚のみ。彼等は空蟬の如く、中心何等の信念あるなし、皆流行を追うて相推移す。諸氏試みに彼等の衣嚢を解剖せよ、彼等は云はむ、こは口を拭ふ手巾なり、こは眼を拭ふ手巾なり、こは口髭を撫づる手巾なりと。あゝ灰殼彼等何の功かある。宜なる哉古來都下に人と爲りて經世の才となりしもの、寥々乎として晨星の如きを。

あはれ余をして芝の枡戸のたゞ暫し、紅塵の巷をはなれて中學時代を回想せしめよ。課終るや或は球を飛ばし或は戞々として劒戟を交へ或は扁舟一葉明鏡の波を破りて淸風に嘯き、直に破机に對して兀々、夕餐を終へば溫泉に沐浴し三光堂を冷かし、歸れば燈花迎ふるに似たり。室に入れば机上幾多のふみ以て親しむべし。腦力漸く衰ふる頃は鼾聲靜に就床をつぐ、階上階下お休みの聲を聞く、すでにして電火消えて雷鳴起る。石垣より起き出づる小鳥に夢破れて、枕を蹴て起てば湖畔の曉色一眸に集まる。やがて字書と首引して敎室に至れば先生笑を湛へて臨まる。

あゝ樂しからずや諸氏の境遇、諸氏は諸氏の學校が、智德体の三育上天下に卓立して羣雞と伍を齊しうせざる一鶴、よりて以て諸氏が多幸兒なる所以を知る。夫れ東都牡鵑血になきて湖畔やうやく櫻花綻ぶ。されど諸氏が心の花は焉んぞ都下の學生のそれに魁けざらむや。されば諸君は信を此校におけ、而して奮勵以て此校に耻づるなくんば軈て天下に濶歩すべし。諸君が刻下の責務は諸君が諏中に於ける歷史をして美ならしむるにあり、之れ余が諸氏に望んで措く能はさるものなり。

余嘗て涕を揮うて諏中を辭する時、天英雄を生ずる決して偶然に非ず、必らずや其地方美德の粹を代表して出づるものたるを說けり。今や身を一高におくに及びて益其然る所以を信じて疑はず。

自ら我校の美風を稱揚するは烏滸がまし、さりとて默止するは男子の本懐にあらず、諸氏、向が岡太平洋の長風に掠めらるゝ所、自ら崇うする一團自治の青年が、卓然として世の鳴潮のあなたに立ち、干城支柱の輩を續出する所以を知るか。云はでもしる校風の善美なるを以てなり。あゝ五寮の健兒は眞に理想に近き青年なり、籠城主義を以て自ら標榜し、芊虫はらばふ俗界を去る三万億土の西にあり、勤倹にして尙武、放課後十時間の勉强をなす、然も敢て文弱に流れず、覇氣は以て世界を一團として呑まむとするの慨あり、何ぞまた徒に英雄を氣取る輩と伍を同じうせむや。あゝ然らば如何にして此眞善美なる校風は樹立せられしか。余之れを聞く、嘗て木下校長、自重の念を起し廉耻の心を養成せしむ、親愛の情を起し共同の風を養成せしむ、辭讓の心を起し靜粛の習慣を養成せしむ、衛生に注意し清潔の習慣を養成せしむてふ四大綱領を寄宿寮に授け羈縛をときて斷然生徒の自治に任せぬと。當時の生徒は果して如何の感にかうたれたる。今や最大責任はあげて双肩にかゝれり、こゝに於て彼等奮起し蹶起して遂に此校風をなせり。あゝ諏中校風の確立を欲する日久し、寺島先生曰く、馬を逐ふて碧流に臨ましむれば三尺の童子尙且よくす、之れをして水を欲せざるに飲ましむるは、聖賢と雖能くせすと。此に於て先生頗る寛大の處置を取り、また略諸君の趣く所に任せられ敢て喃々として其間に容喙せられず、あはれ諸君は何を以て自ら其責任を感じ、益特長を發輝して校風の鞏立を謀らざる。あゝ諏中は前述の如く理想に近き校舎なり、然りと雖また之れを消極的に觀察すれば、昨冬以來輕挑浮華の士の增加を見ざるか、毛程の口實を設けて寄宿舍を辭し巷街に介在するの士の益多々となりしは果して何たる現象ぞや。諏中の寄宿制度を以て之を一高に比する豈多く敢て讓らむ、天下かゝる制度は果して何處にかある。今や完全なる屋

宇は新に地をトして建設せらる。五歩に一室十歩に一室宛然として阿房宮の如し。其結搆秋毫の遺憾あるなし、あゝ此制度を以て此屋宇を以て、何ぞ諸君は籠城の主義を取らざる。

余長人めきて論ずらく、中學時代はなほ藻の花の如きかと、水のまに〳〵、風のまに〳〵、漂流轉移して止む時なし。森羅萬象これ盡く諸君の心情を動かし、億万の誘惑は正に此期を利して諸君の寵を得むとす。あゝ何ぞ危きや。かくして徳義涵養に最大關係を有する習慣は、此五星霜の間に諸君を右轉左回して遂に以て第二の天性たらしむ。而して此間に良習を修得せしものは、其心膽鐵石の如く、其動かざるを徹底大悟の禪師に似たり。彼等は眞に人傑の卵なり。宜なる哉此青春の時にして笈を負うて東都に去りしもの其身をして奈落の底に陷らしめざりしもの丶稀なるを。

此に於てか愈以て校風完成の必要を見る、また籠城主義の斷乎として取るべきものなるを知る。諸君、日に嚴父の膝下に侍し圓滿なる家庭の感化に浴するを得るものは其幸何ぞ極まらむ、他は須く身を寄宿に投じて、共心戮力、其特長をして百尺竿頭更に數歩を進ましむべきなり。兩軍會して劍戟戞々、紫電地に閃き、萬雷天を動かす、血河緑草を染め、屍山萬紅の花を點す、風雲收りて陽光輝き、一將功ありて一軍勝つ、此れ豈たゞ一將の功ならむ箇々隊卒の勇敢與つて其重きをなす。諸氏まことに校風をして善美ならしめ以て大局の勝を制せむと欲せば何ぞ必しも人を恃まむ、すべからく箇々自ら反省して良習を行じ、以て自動的に之れを作らざるべからず。

今や中秋の好期、清風萬象を拂ひ月弓乾坤に徹す。菽豆南爪相熟し晩餐以て味ふべし、稻田黃金の色を帶び天邊碎錦飛ぶ。然も東洋の天、雲の行き交ひ早く、鴻雁常に警報をもたらす。葛の葉のうらみても猶

餘りあるは彼れ飽く無きの國なり、言を左右に弄して事を運ばず一年また空しく秋を渡らんとす。あゝ東洋の天、人才を渇望する事久し。諸氏何ぞ奮勵して快刀亂麻を斷つの士とならざる。

夫れ學友會の最大目的たる誤解せられたるの日既に幾春秋。れ突を突いて快哉をよび横面をうちて鞍馬山の鼻高となり、或は柔軟なるゴム球を弄して神變不可思議の妙を振ひ以て鬼神を泣かしめ、端艇を弄しては速きこと閃電の如く以て隼を落膽せしむ、競爭に勝ちては手の舞ひ足の踏む所を知らず、時利あらず、騅逝かざれば沈降幾週つらの澁き事葉月頃なる青柿の如し、斯の如き輩は何ぞ論ずるに足らむ。夫れ學友會の最大目的たる運動以外に卓立するものあり、運動の如きは只其方便に過ぎず、諸君が眞に他校と競はむとするもの此等區々の技の外更に一物あり、人格の比較これなり、學問の如き亦何ぞ重きを爲すに足らむ。あゝ苟も枝葉を繁茂せしめて莖幹を顧みずんば、其木の顛倒すること言を俟たず、玆に謹で諸氏の獨省を促がす。余直言を以て自ら任ずるものなり、敢て人の鼻息を窺うて所思を枉げず。諸氏幸に恕せよ。あはれ秋に入りてこのかた郷健兒が意氣如何。

文苑

寒夜の讀書

中島喜久平

左の一篇は過ぎつる年の暮つ方入學試験の豫備の爲勉强せし一夜の狀を描きしなり

をやみなく小夜はふけ行きて、縷々百餘戸の小里は、破れさうじ洩るゝ寒さを防がむとや、柴の折戸をかたくとざし果て、浦山おろじに搖ぎたりし戸ごとの灯火も、一つ一つ、闇てふ黒き布に蔽はれもてゆきて、今し雞犬の聲も聞えずなりにけり。

賤が伏屋の東のおもに居を占めたる、我ふみ讀む窓にも、夜の嵐は襲ひ來りて、やれ穴を弄びて、音

さびしく、眼前一穂の青燈は、油はや盡きなむとして、何事にやあらむさゞめきつゝあり。

そと面は全く夜の神の御手に抱かれて、ぬば玉のあやめもわかぬ闇の裡よりは、鬼神の物喰ふ如き音、するともなく、せざるともなく、我耳底に徹し來る。

さてはちがやの軒うつ落葉の音か、まきの小戸うつ霰の音か、そも遠き森に音をなく梟の聲か、隱れ家をいでゝ餌あさる鼬の仕業か、はたまた淙々として流れゆく溪川の響か。時今冬にしあれば、隣の乙女のうつなる、しきりてはたゆみ、たゆみてはしきる砧の音にもあらじかしな。

しかも吾今音響の學者にあらず。徒らに擾々方寸の心を亂し、此原因を究め得て何かせむ。學問の道は他なし、たゞ放心を求むるのみ。

嗚呼一簞の食、一豆の羹、夕餉を終へて破机に對してより、時計の針は音と共に時を刻み去りて、めぐる事すでに二度にあまりぬ。しかも外物に心ひかれて、心の濤はありそに寄する其れよりも荒く、視線は邈として、天井の節穴のほとりに彷徨ひぬるに過ぎず。何ぞ滿身の力を臍下にこめて、身邊塵に埋れたりし幾多の干青を手にはせざりし。

さなり、さなり、我あやまてり。いでや朗々の讀聲をあげて、身を再び古人の友たらしめむかな。さるにても、など我机上に塵のかくはうづたかき。まきの板戸の朝戸出に、石垣より起き出づる小鳥の歌をきゝつゝ、我いと清う拂ひしものを、冬の日は宵の根の長くはあらざるに、などて今しもかくは積りにけるぞや。

他なし、たゞ世上の百事にかゝづらひて、日ねもす机に寄らざりし爲なり。かくては孰れの日か其放

心を求むべき。

池塘の夢未ださめざるに、暦の軸は益あらはれて、殘れる日數も隣の寒梅の咲きたる程になりぬ。あはれ、また一とせ時の鎖をはなれて、過去といふ灣の中に落ち去らむとすはや。

渺然たる蒼海の一粟、一とせを加へぬれば、年齒すでに冠を踰えむとす。古來の英傑は、弱冠功を樹て、志を施したるものも少なからず。しかも時勢に强と弱とあるか。將た我材幹の古人のそれに及ばざるか。未達の士、身なほ落魄として、學就らず、日には德に親しみがたし。かくては何れの日か、身を靑雲の上に致し、所思を一世に伸ばさむ。

一穗の燈火、光影よわしと雖、我五臟六腑に透徹して、六万四千と聞ゆる毛竅は、一時に動く心地す。あはれ、吾はまたも空想に耽りぬるよ。學問の道は他なし、たゞ其放心を求むるのみ。我身を苦しむるものは我身なり。さあれ、我身を平和の鏡にうつすものも、亦我身より他はあるべからず。我如何に心を勞すと雖、柳の綠は紅とならず、花の紅は綠に變らず。外物をしてあるがまゝたらしめよ。何ぞ徒らに執着をこれせむ。須らく我信ずる所を斷行し、幾百万煩惱の根をやきて、心を空しうしていそしむべきなり。さなり、さなり。

あはれ今宵は如何なる夜ぞや。我胸はたゞ亂れにみだれゆきて、底止する所をしらず。さるにても今し聞えたる音は何ならむ。慥に何物か小戶を叩けりと覺ゆるを。

水の流れ去るにもあらず、いたちの落葉かくにもあらず。はたさりとて、霰の板廂うつにもあらじ。

あはれ音はいよ〳〵强うなりもてゆきて、小戶は碎けむばかりなり。

夜は空想と共にふけ去りて、四更に近からむとす。家人皆華胥の國の客となり、其山水の間に放浪して、吾ひとりあり。さなり、さなり、かれこそ強盜なれ。いで日頃きたへしこのかひな彼に加へて、眼にもの見せむずと、床前三尺の秋水を手にすれば、鏘然として響あり。玉ちる劔、鞘を拂つて一ふり二ふり、鯨鯢を斬らむ勢もて、雨戸さして馳せ出づれば、忽ちかのもの呼ばふ聲あり。

心靜めて、耳欹つれば、清水邊に洗ひし米の、置き忘れたるを入れよと云ふめり。まがひもなく親切なる隣人なれば、窓おし開きて受けとりつ。日頃たしなめば、碁會のかへさに見付けたるならむかし。

眸をこらして四邊を見れば、黒雲天にひろごりけむ、さほどの星屑一つも見えず、滿目たゞ黒闇々、我境遇に似たるを、一點、梟なきしきるあたり、老杉古松の寒風に削らるゝあたり、鎭守の森の常夜燈あり。あはれこの灯火こそ、我前途を照らす光明ならめと、氣とり直して破机に對しぬ。

すでにして「ともし火の影にてよむと思ふまに、ふみの上白く夜はあけにけり」。

須らく自奮すべき所以を論じ併せて諸子が輓近の行爲に及ぶ

一高　中島喜久平

寒村の雨の一と日を柴の折戸に籠りつゝ、岑々として痛みぬる頭腦を嬰へて、日ねもす病の床にあり。刈菰の亂れたる理性に反撥を與へて、おぼつかなき眼を張りて机をうち見やれば、紅衣白眼の一小達磨、恬乎として語らざるごとく、呵々として笑ふに似たり。深草の里に住みけむ鶉、鳥羽の田つらに鳴きたりけむ告天子の標本は、ありし昔の百花深きところ、細谷川のせゝらぎを戀ひて、翼を張り、悲鳴をあげて、我耳の垢を動かす。つれ〴〵の情、煙至風起して、禁ずる能はず、蹶然たちてさうじを押せば、霏々の雨つきもやらず、軒の玉水花なき庭をめぐり行く樣は、毒蛇のうねりはらばふにも似たり。隣の木戸の荷車の下には、一群の家雞、傍への下水溜になから溺れたるごとく、滴り落つる水の雫を拂ひもえせず、尾を垂れて悄々と立てり。廐の窓よりは、流石に寂寥に堪へえずてや、瘦せさらぼひたる牝馬、幽靈の如き長き頸さしのべて、雨のうつに任すめり。

かなしい哉、満目寂寥として、心を痛ます、再び障子とざして、墓のごと破机の前に蹲れば、名もしらぬ虫、一穂の青燈を慕ひよりて、羽音かしましう薄暗き室を行きつ戻りつ、はては我顔の憔悴たるにうちつれぬ。

あはれ遺愛寺の鐘に枕を欹て、香爐峰の雪に簾を撥げけむから歌は、蘆山草庵の裡、樂天閑居の吟にあらずや。風蕭々として易水寒し、壯士一たび去てまたかへらずとは、光芒夏なほ寒き匕首を懷にし、やしほの血淋漓たる人の首を腰にし、胡沙ふく風に衣袂を攘はせ、異域の山河に放浪して、一閃、秦王をして頭足處を異にせしめむと、逸りきつたる五尺の壯夫が、枯葦戰ぐ所、淙々として流るゝ水にのぞみ、無限の感慨を歌ひしものに外なるか。

然り古往茫々幾千載、酷厲痛激の語、悲愴沈欝の辭、魑魅魍魎をして嗚咽禁ずる能はざらしめ、或は幽壑の潛蛟を舞はし、孤舟の嫠婦を泣かしめしもの、これ日高く眠足りて、なほ起くるにものうきが如きやからの嘴を洩れしものにあらじかし。飲まむとするになりひさご空しく、喰はむと爲るに糟糠にだも飽くを得ず、經世の材を懷抱して、世の容るゝところとならず、天涯のあなたにさすらひて、巖穴の中に居り、巖穴のあたり、草の花春に遇へらむごとに咲けれど、月移り年去りて人同じからず、明鏡の裡何處よりか秋霜を得て、徒らに慷慨悲憤、はては五尺のむくろ、化して路傍の土となり、年々春草の生ずるにまかす。かくの如くの輩にして、はじめて口を衝いて出づべきなり。

境遇の人に及ぼす影響は甚だしいものあり。その昔、負郭の田二項あらしめば、六國の相印を帶びざりし人もありけむを、われ日頃悲愴沈欝の辭を學友諸子に寄せむとするもの、凄殺の氣あたりにはびこ

る今此時、機の逸すべからざるものあるを悟り、削り減らしたりし一片鉛の筆をとり、亂杭の如き齒に嚙み碎きつゝ、敢て何事をかつゞらむとす。悲憤の言か。そもまた樂天の辭か。

潺湲たる溪川、朝な夕な天のしらべを囁くところ、靑松に埋れて、懸崖にもたれたる一宇の僧房あり。蛙雨を喚べば、杜鵑晴になのり、八重葎樞を堅く閉ざしつゝ、訪ふものとては、雨と嵐と、宵々でとの月とのみ。あはれ此住居に起き臥して、光風霽月に身を委ねたるものは、高雅安逸自ら喜び、活動を欲せず、時に或は杖を樹てゝ耘耕し、溪澗の流に足あらふあるも、これ其心やりの一方便に過ぎず。諏訪の天と地と、或意味を以て云はゞ、また此僧房に外ならじ。湖邊の葦に伏せる閑鷗の夢は、圓らかにして永刧に驚かず。大丸の牛の涎、引きて三尺に及べども、一陣颯々の風砂塵を捲き來りて、之を斷ずるなし。洶湧たる世紀の波瀾は、この小閑天地に入るによしなし。超然として社會褒貶のよそに立ち、高雅安逸俗物と伍せず、心をもて形の役とせざる輩と、心裡の鳥に凌霄の翅を與へ、一搏八荒に雄飛するを欲せず、苟も安を偸みて、眼前の平和に心醉せるやからとは、こゝを措いて茫漠たる五大洲、何れの處にか其住家を求めむ。春秋に富む學友諸子にして、衝天の慨なかるべからざる生涯の春に、此地に居をなす。豈顧みて常に警心せずして可ならむや。

しばし木の葉の下くぐりつゝ、野百合の花に接吻を投じ、賤が小里の水車よりは、千顆萬顆の玉となりてとぶ谷の小川も、一度せかれて沈滯せば、嘗て鶯の咽うるほしけむ清冽の水、今は腐りはてゝ、源五郎蟲、太皷たゝきの住家とはなりはつるなり。物靜に歸すれば聽て腐る。これ草葉の蔭の螢、夏木立の蟬が、雌雄慕ひよりて後、光うすらぎ、聲默する所以にして、また疾風野を捲くが如き勢を以て與れ

る國が、遂に詩人をして山河徒に在りの嘆を發せしむる所以なり。あゝ常に慷慨奮起、委靡せむとする頭腦に刺戟彈力を與ふるは、特に諏訪幽邃の地に生を享けたる學友諸氏にして、其肝要を見るや切なり。

月暗き夜、怒風長林古木を振ふ夜、三尺の氷刀を提げ、深山の雲に分け入りて、情なき木石に殷々雷の如き聲を發し、以てよく一臂を鍛へ、就るの後は、斜に一包を背にし、風に櫛られ雨に沐し、あるは叢祠の露に袖をかたしき、あるは手枕の夢を廢寺の月に結び、花の主の下ならで、凄じき鬼殿を尋ねては、惡魔妖怪に逢はむ事をのぞみ、名士を得ては之と技を較し、劍影の下、術の及ぶ能はずんば、退いて自ら顧みるもの、これ往昔劍客の修行にあらずや。

宜なる哉、斯輩の技遂によく堂に上り、一擊釜を斷ち、再搏岩を貫し、三嘆人をして舌を捲いて措く能はざらしめ、四邊嘖々其名を傳ふるや、あゝ斯輩にして一小敵手を摧破し、雀躍燕舞、以て自ら高うせば、これ渺然たる一小男兒のみ、人は各其道を辿り、其業をなし、恰も木がらしに振はれたる商天の一落葉が、翩々風に隨ひて、敢て化して何れの土となるかは措いて問はれざるがごと、彼は世の注意を惹くを得ざるなり。

嘆ずべき哉。男兒すべからく慷慨悲歌すべし。士氣の萎靡を恐るゝこと蛇蝎の如かれ。奮然卓をうてば卓破碎し、昂然岩を衝けば、岩片々雨となるの慨なかるべからず、あゝ鄉健兒が意氣今果して如何ぞや。

借問するものあらむ。曰く、然らば人は常に殺氣紛々たるべきか。名聲をあさること餓狼も啻なら

ず、眦睚の怨必らず報いむことを欲し、明鏡止水の如き心裡に、愛惡慾望の念勃々雲起するも、其なすがまゝにし、嫉妬競爭の心根ふかく、怒るべきあれば、鬱結悁悒、或は髮冠を衝き、悲しぶべきあれば、痛飲天に訴へ、號泣地によばひ、發して詩歌となり、朗々として梁上の塵を動かす。かくの如くにして可なりや。これ疇昔燕趙悲歌の士のみ。中心何等の信念なく、徒らに痛哭憤を發し、或は涕涙滂沱たるものは、君子の伍にあらず。かくの如くんば、驀然たる狂風心に波瀾を起し、中情常に搖きて溶々依る所なく、多涙多情婦女のごと、鞦韆院落夜沈々たれども寢ねて眠なりがたし。これ十幾億の人の子の、汲々嬉々鬱々怏々たるもの、焉んぞ大人君子と伍を齊しうするを得む。夫れ、朝菌は晦朔を知らず、蟪蛄は春秋を知らず、人生五十、其はかなきこと、また朝菌蟪蛄と相距る遠からず。あはれこの浮世に處して、徒らに感情の奴とならば、稲麻竹葦と繁き業にあたり、いかで安心立命を得て、天上天下唯我獨尊の域に彷徨するを得むと。

しかり悲歌絶叫する徒、これ俗物なり。二豎は肉薄し、貧乏軍突撃し、社會擾々のこと、交々長槍を振ひて、吾人方寸の心を通貫せむとする時、宛も禪僧が三昧に入りしがごと、端坐して動ぜざるもの、これ眞の大人君子なり。夫子曰く、吾四十にして惑はずと。かくの如き輩は、孔丘を距ること遠からざるなり。今や寺島先生、左顧右眄、眉目偉麗、豐姿温容、しかも威嚴自ら備はり、胸裡の寛大無邊なる、蒼穹のごとく、眞に平和の君子なり。其他の鞭とらるゝ師の君たち、皆卓然として俗塵のあなたに立ち、温情溢れて和田守屋のほかに至る。眞に欣慕に堪へざるなり。諏訪の天と地と、すでに濁潮の侵入を宥さず。此天地の粹をあつめ、隆然として扶桑の域にそゝり立つ學び舍に、かくの如き師の君たち

を戴ける諏中は、由來宛然として一家庭のごとくしかり。あはれ學友諸氏にして此師の君たちに慕傚する、異日間世の才となり、國家の柱石となること疑を容れず。

しかりと雖、君見ずや、暗香疎影の梅すでに唇を開き、そでひぢて結びけむ池塘の氷、はじめてとけ、波篤苔の鬚を洗ふ時、可憐なるをとめが投じたる數片の麩を。そのみなのへに落ちし時、波紋を畫く力もなく、やがては小さき金魚の口につゝかれ、泛々として漂ふなり。中學の時代亦かくの如し。幾ちよろづの誘惑は諸子を包圍し、牽制し、手をとり、足を曳きて諸子の寵を得むとす。此時に當りて、諸子は力めて大人君子の性行を慕傚せざるべからず。しかも師の君たちは一個の好丈夫、諸子は紅顏の靑年なり。其行動全然同一軌に出でむことは、望むと雖得べからず。また其間に望むべからざるものありて存す。予之れを聞く、嘗て泰西一婦ありき。赤貧洗ふがごとく、いねて破壁より天の川原の星屑をながむる計なるが上、其姑飽くまで意地わしく、採薪汲水、一として其非難を免れざりき。一日姑忽焉として逝く。婦歡喜措く能はざりき。

忽ちにして頬邊に湛へられたる笑は、額邊に愁波を漲らしめき。これ隣人相集りて、口さがなく葬禮の金を要求したればなり。もの一利あれば一害ともなふこと、なほかくの如し。諸氏が外物に執着するを欲せず、世の濁流にのらずして、超然平和を欲するの極、焉ぞ善を嘉みし、惡を惡むの力をして昏睡の中に陷らしむることなきを保せむ。况んや飽衣暖食して、この仙境にすまへるに於てをや。

あゝ三百餘の學友諸子、諸子は春秋に富まる。胸裡常に百万の貔貅を策するの慨なかるべからず。浩蕩たる大河後に決するも、崛嵂たる巨岩前に崩るゝも、悠然其道を活歩し、其信ずる所を斷々乎として斷

行はざるべからず。國家一身の大事を忘れて、眼前の平和に心醉し、良心の知覺を鈍からしめ、正邪善惡も　其之に感ずる力弱く、たゞ眠れるが如き頭腦を抱へては、士氣の萎靡して、架下の糸瓜となる、また指かゞなへて、程なく待ちつけぬべし。

むかし一衲衣あり。更たけ古刹閴として聲なく、短檠光うすらぎ、身また睡魔の奴とならむとする時は、俄然大喝自ら名よび、自ら唯々と答へては警身せりとかや。慷慨奮起、睡魔の手に渡らむとする頭腦に反撥を與ふることが。墮落萎靡をふせぐの功は、越中富山の藥にまさる幾等ぞ。慷慨悲歌を彈劾するなかれ。須らく多情多涙たらざるべからず。青年にして行爲一に大人を氣取り、自ら目して成人となさば、これ青年の意氣雲散霧消したるもの、儋石の祿に執着して、卿相の位を捨つるものなり

人難ぜむ。中學時代にしてかく多情多涙たらば、これ誘惑に對して、恰も雙手を擴げたる如けむ。その侵入すべき穴は、恰も露艦の彈痕のごと、多々益多く、何れの處よりもするを得べし。豈恐れて懼れざるべけむや。

予私に思へらく、しからず、所謂慷慨は心氣の活動を意味す。心氣の活動すでにあらば、誘惑焉んぞ入るを得む。病魔の五臟六腑を侵す。その衰頽せる所よりす。苟も熱血滿腔に迸り、咄々髀肉の生ずるに堪へずば、遠く其足跡を斷つべきなり。剰へ吾人が所謂慷慨は眦睚の恨を報い、嫉妬瞋恚の爭をなす所以にあらずして、良心の反撥なり。良心が華胥の國に遊び、嚴に正邪善惡を照らさずんば、いかにして有道につくを得む。嘗て泰西の一女皇、朱唇紅臉、婀娜たる風姿、親しく見る蔭もなき一僧房を訪ひしことあり。時恰も嚴冬にして、朔風凜烈、華軒龍車の外を出でざりし女皇が綾羅の衣を擲ひ、女皇を

して海棠雨後の如き風情あらしめき。寺院の老杉悲風に削られ、蓮かれ柳ちり、一池狼籍魚を見ず。たゞ見る、朽ちにし屋根のもと、櫺より襲ひ入る吹雪の中に、一緇衣の鶉衣に堪へかねて、一心神に祈を捧げて寒を防ぐを。愛憐の情は女皇が暖き胸の血をうちぬ。朱唇青ざめて宮に還るや、涙潸々として禁ずる能はず、薪と炭とを輸すべく命じぬ。美しく彫られたる安樂椅子は、炎々として燃ゆる暖爐の前におかれ、女皇は今や身を其上に横にし、快感云ふべからず。將に睡につかむとす。既にして近侍は來りて幾駄の薪を輸すべきかを問ひぬ。訝かしき哉、同情の熱は暖爐によりて冷され、しばし待ちねの聲、かすかに女皇が唇を洩れむとは、あゝ暖衣飽食は良心の知覺を失ふ。此惠に浴せる諸子よ、また此女皇を學びて、意氣が昏々として眠り去るを覺えざるか。諸子の校が群雞中の一鶴なるをは、余が覺束なくもかつて陳べし所なり。諸子は天下唯一の飽食者なり。諸子が常に慷慨激昂せずんば、これ諏訪鉢大の天地に安を偸める一隱遁者に外ならず。軍國多事の今日、靑年の樂隱居は、社會の渴望する所にあらじかし。

蓬戸甕牖の余が家、かつて一木匠を聘して、其ゆがめるを正せしことあり。木匠酒を好み、毎夕口のほとりに鈴虫を鳴かせり。ある日捻り、箕踞して牛飲するに、屢たち、また坐す。あやしみて故を問ふに、腰のぬけたるか否かを撿するなりと。呵々一笑に附すべきものにあらず、諸子また時に立ちて撿せざるべからず。掌上に世界を轉ぜむとするものが、腰拔けて歩むに蠢爾たるが如くんば、これ椽下の草履蟲と擇ぶなきなり。余炬の如きまなこ、社會を達觀洞觀するの明なし。且一寒の靑衫、性狷介にして人と容れず。斷金の友垣もありやなしや、常に眼前の瑣事に關ひて、諸子輓近の意氣消長如何を知らず、諸子また水莖の跡、詳しう初雁の翅につけつゝ、送り來らるゝ人もなし。しかも乞ふ、余をして　麻の衣

のあさましくも、垣面の芝のしば〳〵に、耳にする所により、聊か論鋒をして諸子が輓近の起居に向はしめよ。

異域の山川、落日寒風萬馬の聲裡、皇師の刀鍔盡くなり、家傳ふる所三尺の秋水、西戎缺舌の頸血にちぬる。壯士何ぞ滿胸の雄心に堪へむや。ひとりあやしむ、諏中道場の裡、萬里人なく砂月白し。劍士頃日意氣地に委し、床前光は寒き日本刀、夜氣を吐きて鏘然鳴る。劍士さとらずなほ睡を貪る。あゝ嘆ずべき哉。一聲の下に戰慄し、項を奉じて逃ぐるが如きもの、これ桓々たる武夫の子孫と云ふべきか。之を以てかれを推さば、各部の意氣消長の如何、また思ひ半にすぐるものあらむ、みすゞある北信の野、二川蛇引盤曲する所、枯葦の戰ぎと、石瀨の響との裡、兩雄覇を爭ひ、龍虎玉を爭ふの壯圖は學ばずして、徒らになまよみの甲斐がねをさやに見て、萬勝を期して釜無の奔湍を下り、虛威をかれに加へて、傲然、長刀を撫して壯語するは、これ勇者の所爲と云ふべけむや。鏡花水月は虛榮のみ。歸路客舍に投じて、あらぬ戲れをなすに至りては、之れに加ふるに何の語を以てすべきかを知らず。或は文弱に流れ、美文を草し、運動會をなすに當りては、ニル河のうねりゆく所、朝暾先づ訪づれ、夕照さまよふ三角塔の Massive solidity and unadorned grandeur の男子的美觀を知らずして、徒らに虛榮を張らむとし、或は鐵拳制裁を亂用し、或は之れに偏頗をなすは、諸子が爲めに取る所にあらず。其之れを亂用するは、行はざるに威ある所以にあらず、之に偏頗なるは、破廉恥漢が虛位を擁する所以にして、また局に當るものが信を損ふ所以なり。正義一貫する所、王侯も之に加ふるを得ず。諸子何ぞ男兒の本領を發揮し、諸子がおもてをふせつべきものに逼り、之をして再び起つ能はざらしめざる。諸子が委任せる役員の行

爲に容喙し、之を輔弼するに力めずして、みだりに淵中の魚を詳察し、或は其缺點を探すこと、野狐が葡萄をあさるがごと、之が掎り、之が角るは、一致共同を缺く所以にして、父子相食み、骨肉相しのぎて、家門時の花をかざすの例を聞かず。つゝしむべきことにこそ。同志寄宿犬猿啻ならず、互に擠勵して、全美の實を擧ぐるを力めずして、婦女子をまねびて、嫉妬陷穽を事とするは、何ぞ其所爲の陋劣なる。これ百年の大計をなす所以にあらずかし。かくの如くんば、扶桑の域、秋天の星より多き學び舍に、屹然卓立し、ひとり月桂の冠を擅にする所以にあらず。おもふに諸子の良心は今や睡魔の手に渡らむとするには非ざるか、爲めに半宵劔を提げて寒月をのぞめば、古今興亡兩眼の中てふ、豁然達觀の明を失ひ、眼前の小利虚榮を逐ひ、或はいふ甲斐なきものに腦殺せられ、或は蝸牛角上に小爭を試むるにはあらざるか。抑〻かくいふもの非にして、徒らに臆惻を恣にし、或は五寸の筆劔を弄して、雪なす白紙に無數の汚點を附せしには非ざるか。そもまた一縷の細烟を見て、早くすでに滿都の大火を呼ばひしにはあらざるか。希くは眞理をして後者たらしめむかな。

何れにまれ、常に奮發昂起、良心に刺戟反撥を與へ、萎靡をふせぎ、汨沒を恐れ、青雲の志を懷抱して、身を以て國家の支柱たらむと期せよ。あゝ天球の無限に比せば、地球はこれ一個の團子。その昔、赤壁斷岩千尺の下、長江の窮りなきを悲しびて洞簫を吹きし一葉の扁舟は愚、時間に於て、空間に於て、天上天下一個の我、今存す。よし幾億兆の年はめぐるも、此好箇の團子上、また我あらむや。あゝ奮起すべし。須臾なる生涯に、偉人となりて德を萬世に垂る、また生平行爲の如何にあるのみ。余諸子に向つて此言をなす。諸子の嫌厭憎惡を招くを期す。しかも敢て辭せず、胸襟を開いて甘受せむとす。昔林

甫權をとる。世人曰ふ、李子口に蜜あり、腹に劔ありと。今は之に反し、諸子をして曰はしめむ、一介の寒生。口に劔あり。腹に蜜ありと。しかも議論は畢竟世に功あるものにあらず。縷述する處喃々數千言、多くはこれ驢鳴犬吠のみならむか。呵々。

呵々錄

雪窓生

題して呵々錄といふ、其云ふ處、叫ぶ處は吳下の舊阿蒙なるわれが、景により、情により、哄然呵々するに異なるなければなり、責むるを止めよ、咎むるを止めよ、叫ぶ處は泣かむとすれば愚に近きにより、詮方なくての我が一呼のみ

○今や東亞の形勢日に日に非にして、風雲轉た暗澹渾沌たり、而して露國と干戈相交へ旗皷の間に輸贏を爭ふ事玆に數閲月、九連に、金州に、將た遼陽に戰捷の報の頻々として吾人の耳朶に接し來るなり、これ如何に神靈佛陀の冥護によるとも、如何にわが允文允武なる　天皇陛下の大御稜威によるとも、い

かでわが國家の干城の粉骨碎身努力するにあらされはかゝるを得べき、故に我々國民たるものよろしく滿腔の熱誠を以て感謝して可なり、

然るに如何にぞや、世を擧げて戰勝に狂ひ、祝勝會の開かるゝもの一再のみならざるなり、而してこれが爲めに數日家業を放擲して恬として顧みず、これ即ち祝勝會を以て一のお祭り的の物なりと誤解するより來れる弊にして、祝勝の意を表するに敢て大々的になすの必要あらさるなり、只單に心是に存しなば、己に祝勝の意に副ひしを知らずや、

○彼の金殿玉樓の中に人となり、旦に吉野の花に戲れ、夕に隅田の月に嘯き望月の缺けたる事なき富豪なるものは、勞働せずして、山海の珍味に飽き、綺羅錦繡に眩せず、然るを彼の雨露だに凌き能はざる草の庵に住みて、旦に霜を踏みて己が耕耘の道に從ひ夕に星を頂きて家路につく貧困なるものは、辛苦しても尙衣食を得るに汲々たり、故に富者は多く安閑なり、貧者は多く多忙なり、彼れには惰弱なるもの多く、是には强健なるもの多し、彼れは奢侈なり、是は質朴なり、彼れは辛苦の味を知らず、是は勞働の趣味を解せり、彼れは些細なる艱難にも其志を挫折せむ、是は千辛萬苦に會するも猶泰然として驚かず、而して富豪家には遊佚の惰夫生れ、貧困家よりは傑士を出す、よしや英雄豪傑は出でずとも晩餐後一家爐邊に團欒して、嬉々怡々として物語る田園の趣味、スウィートホームの眞味を解せり、嗚呼これ亦貧の賜なりと知らずや、

○詩人は飽迄も詩の美の眞味を解する感情家なり、理學者は事物の道理を研究する理性家なり、故に美しき月の光も春夏秋冬各同一に眺むるは理學者なり、月は春夏秋冬四つの時に從ひて、それ〲美しく妙

なりと賞讃するは詩人なり、詩人は胡蝶の妙なる姿を見て、ミューズの神の化身なるかとて其嬋妍窈窕たる風姿に醉ひて其美を謳歌す、然るに理學者は只胡蝶を捕へて解剖するの殘酷なる行爲を敢てなして恬として耻ぢさるなり、其他花の美、蟬の聲、鳥の囀、螢の光、皆理學者は冷眼視するのみ、

○輓近似而非靑年詩人の續出するの傾向を生ぜり、彼等は敢て摯實なる研究をなすものにあらず、新調に詩界を賑はさむとするものにあらず、修養なりと揚言するもこれ看板なり、研究なりと誇言するもこれ法螺なり、學校の先生にロングフェローの詩の一節を聞けば忽ち西詩通となり、文學全書の萬葉集を辛うじて一首も解し得れば直ちに萬葉通となる、而して經文の一章も讀み、聖書の一節も讀み得れば倏ちにして宗教通となる、然も彼れ等は皆薄志弱行の徒にして星を見ては泣き、菫を見ては泣き、かくの如くにして詩一篇歌一首、忽ち天狗となり、自ら詩人を以て任じ、かくメソメソとして泣き縋りて云ふ所を聞け、曰く「神よ」と、

○春風駘蕩の候、百花爛漫たるの時、其高潔なる君子を敬慕して蝶の如きも自ら其花影に依らむ事を希ふ、これ誠に貴ぶべき事ならずや、然るを心なき世人冷笑して曰く「蝶の花に依るは蜜の甘さを求めむが爲めのみ」と、然れども思へ、蝶は花粉の媒介をなす勞力あり、而して蜜なる報酬を要求する至當ならずとせんや、無能にして富貴に諂び、權門に阿ねるの奴輩蝶を見て愧死せよ、喝、

○かの詩人に美の化身なりと歌はれし蝴蝶も、未だ毛虫たりし時には心なき人は云へり、「吁何ぞその遲鈍醜惡なる、などて草木を害する事の甚しきや、怒りの極そを打ち殺さむとせり、やがて其化して蝶となり花の馥郁たる香を慕ひつゝ彩霞棚引ける方より春風に駕して翩々として來るや、その人その婀娜な

る風姿を見てまた云へり、「あゝそもこれエンジェルの化して雲間より天降れるものなるか將たミューズの神の假に姿を現したるものなるか、かよはしと雖もなれが翼には行春の名殘を留む可憐なる者よ」と、あゝ胡蝶もし心あらば蓋し今昔の感に打たるゝならむ、世事の遇不遇なる皆滔々として、かくの如きのみ、
○澆季の世の中に滔々として失敗者多く、天を恨み、人を憎み、運命の神の無情なるを怨む、これ皆自己が目的を成功なさしめむとする者、先づ如何にせば成功せむかを講究す、されど如何にせざらば失敗すへきかに就きて深く省慮せざるによるなり、
○實に失敗は事を成さむとするものゝ免れ得ざる所にして、一つの失敗もなくして成功し得るは極めて簡短なる業のみなり、即ち失敗なき成功は誇稱するの價値なきなり、云はずや、『失敗は成功の母なり』と、失敗屢重なり來らば從ひて經驗も增し來るなり、故に失敗は成功の期に近づく一階段なり、一度失敗してこの一階段を登る、而して亦失敗して亦登りかくして登り登りて終に最高階即ち成功に達し得らるゝを知らずや、
○縱令失敗に失敗を重ねて身は逆境中にありて、あらゆる障礙は汝が行路を妨ぐとも、ゆめ落膽する事勿れ、失望する事勿れ、希望の光は常に燦然として輝きつゝあるにあらずや、落膽する時は光の木の葉陰にかくれし時なり、失望する時は光の村雲の爲めに蔽はれし時なるなり、
○慾望大に、希望大に、快樂大なる人世の要を得むとせば好む所なかるべからず、好を生ずる迄には學問を積まさるべからず、學問を積みて事物の眞味を解するに至れば、これ始めて人生の趣味を解し得られしなり、始めより目的となし、理想となす所は大なるに如かざれども、人の天資、身分、境遇により

て大を望む事能はさるもの多かるべし、
是に於てか失望落膽のあまり、人生を悲觀するが常也、されど靜かに思へ、植物なりとも必ずしも松杉の如き大木の價値あるにあらず、灌木となりて美しき花をつくるも可ならずや、更に少となりて菊となり、菫となりて香りを放つも亦可ならずや、赤貧洗ふが如き少年よ、大に學ぶ能はずとも、決して落膽する事勿れ、錦衣を纒ひて始めて身が快きにあらず、高樓に住みて始めて心樂しきにあらず、嶄然世俗の毀譽褒貶以外に頭角を現はし、自己が面白しと認め、是なりと信じたる事に向ひて一意專心猛進し以て、一事一能に長じ、其趣味を解する事を得は、心常に融々として春風の如く、只人世の面白きを見てそが苦しきを見ず、かくて大に學びたるものと同じく、人生の眞味を解するを得るなり、よしや望む彼岸に達し能はずともこれに近づきつゝある行路が樂しきなり、これやがて吾人に安心立命を得さしむるものなり、
我に好む所あり、人いかにこれを罵るとも敢て意に介せず、只我はこれによりて安心立命を得むとするなり、我の好む所は作文、讀書の二也、我は十二三歲以來文章を作る事を好み殆んど筆を擱きしことなく作れども比較的進歩せざるは、わが天資の致す所如何ともしがたく、到底文章を以て天下を風靡し、筆の文《あや》を以て鬼神を泣かしむる事は能はずとも、我は天分なりとて失望せさるなり、文章の中にても好むは抒情文もしくは敍事文にして、論文は好む所にあらず、讀書は感情に訴ふるものを好み、理性に訴ふるものは少しも好まず、我は學事復習の餘暇文を作り、書を繙くを以てこよなき樂となし未だこれを廢せし事なし、かくてわがエネルギーはこの二者にのみ注がれて他を顧むるの餘地なきなり、これによ

りて我は人生の赫々たる希望の光を認むるなり、

蓼喰ふ虫もすきずきとかや、あゝわが校四百の健兒よ、己が好む所に熱中せられよ、やがて輝々たる幸福は汝等が頭上に來らむ、而してこれによりて少くも汝等は安心立命を得られむ、

嗚呼書して是に至れば、感慨妄想交々雲の如く湧き來り、暫時呆然として自失しぬ、やがて蹶起一番、[illegible]長嘯して我に歸れば、依然として呉下の舊阿蒙、只得る處は一片嗟嘆痛嵩の聲のみ、我机を叩きて哄然、呵々大笑せむ哉、

（了）

花草鞋

中島茨水

この一篇は、今春われ同好の士と共に、劍を腰にして、みちの奥がにわけ入りし時、ものせる旅日記出發の條なり。

月やあらぬ。春やむかしの春ならぬ。しかも、果敢なきは、人事變轉の跡なりな。沅湘の流、浩蕩絶えずして、日ねもす、夜もすがら、東流し去るまゝに、宮女花の如く滿ちたりけむ春の殿は、いま、惟、鷓鴣の飛ぶあるのみ。草とざす賤が伏せやの樞にかよひきて、秋かぜ渡る夕まぐれを、浦山の楢の木立にこゑふりたてし秋蜩は、桂魂のみ光、皎々廣寒の宮ゐを洩れて、丹霄に透徹し、繁霜ふりて、つ花まじりの籬畔一朶の晩香を碎きぬる明方よりは、え聞えずなりぬ。恐らくは、その歌ぶくろ支離、滅裂して、むぐろは化して、一介の土となりけらし。人生また蟪孵と相距る遠からず。あはれ、往くものはしもまさに斯の如きか。

枕上の青山依然たるに、鏡中千絲の髪皓々雪を欺き、毿々漆より黒きおもかげはうせ、宿昔青雲の志、一柯の夢の跡となり果てゝは、蹉跎として年のみつもり、末は尾花波よる野中の寺の晩鐘にさそは

れて、梵筵一縷の烟となりて、のぼりいぬ。今にしてきのふのことをおもふ、また千載邈たりの感なくばあらず。

そのむかし總髪長劍の士、行く雲と、流るゝ水とに身を委ね、住みすたれたる茅庵殘礎の上に草枕引きむすび、老梟友よばふ幽溪の奥ふかく、連拱樹幹の皮爪とぐ熊羆に剝がれ去るところ、蕭條として篠つく雨に一夜を立ちあかし、狐狸の妖術に誑かされては、累々たる石くれを髑髏かと疑ひ、蛇ふすいばらを花の臺とあやまり、或は、叢祠の露にたびごろもの袖を片しきて、幾とせ巣くひけむ魑魅魍魎と技を較し、流星の光芒よく之を殪し、惡魔の洞窟に闖入しては、劍影閃電の下、其屍もてつたかづら纒ふ塵塚を築きなし、かたへに生ふる草の花をして、白露滋きあしたは、漣々として涙千行たらしめたる武士修練のみちも、はかなき世の習にもれやらで、鳴嘲あらふありそべの、夜のまの鳥の足跡と消えうせたるは、嘆かはしきことどもの極みならずとせんや。

われ等そも如何なるものゝ輪廻にや。はた如何なる前つ世の宿緣にや、百敷の都の人の、袨服、羅裾これきそひ、倩たる巧笑、盻たる美目これ尊ぶの風にそむき、古英雄の稜々たる俠骨のてぶりを慕ひ、滿都の紅塵を瞰下して、唯我獨尊の域にさすらひ、細腰、懦弱の輩を名寶の一揮に鏖殺して、やまと男の子の本領を發揮せむものと、花のころもに引きかへて、苔の袂に身を窶し、堀切のあやめ蝶となりてとぶあした、道灌山の虫韻風にたぐへて散策を促す夕、般々の聲をあげて、つるぎの道の修練、こゝに果していく春秋の花紅葉ぞや。

しかも、たゞ、肩摩轂擊、車馬絡繹たる玉の都の一隅に割據し、無聲堂てふ一棟の蝸舍のうちに、

豆がらを焚く音にもまさらぬ叩頭虫の、ほと〳〵とほとめくも、雛僧の剥げし木魚をうち、蜉蝣の蝸牛角上小闘を試むるにも似て、やがて身は一合程にちゞまり、果ては、軒昂の意氣萎靡しつきて、晩秋の籬に吊されたる、烏瓜といふもの丶如くならむを恐れ、長劍を腰間に撫して、雨と嵐とに委ねたる武香陵頭の寒叢に、深霄雲の足はやき天を望みて、慨嘆久しうしたることも、度重なりては、那智の瀧つ白の數にもまさりぬ。

あだかもよし、千紫百紅の春としなれば、靑葉城下の士、連歳みちの奥より南下し來り、凌雲の鵬翼、一搏して東都の客となり、同氣相求め、同明相照らし、肝膽を吐露し、胸襟をひらいて、吾人と練磨研鑽をともにせられたることや。これ吾人が一すぢの命脉にして、また春秋に富む靑年輩が、痛絶の快事なりかし。

今や、春帝親しく駕を枉げられ、洛城東邊の桃李百紅、萬蕾まさに綻びむとするに、歳々年々人同じからず、靑葉城下の志士、住みなれし宮城野の巣を雛立ちて、奈須野が原の風に征衣を掠めしめ、櫻に烟る花の都に、墨江の月に嘯かむとはせられず、つれなく萬朶の花にそむき、杳として眠食の如何を傳へず。

しかも勃々たる吾人の意氣は、湧出奔溢して、强ひて抑壓を加ふれば、五臟、六腑に凝集して、以て病を醸さむとす。

おもふに、奥羽は東陲の僻地、吾人の游屐未だいたらず。しかも、蜿蜒たる横枕、連亙幾十里、溪川中を蛇引、盤曲して、泡沫飛散、激流怒號し、或は、岩石流れを束ねて深潭をなす。雞犬茅簷の下に

眠るあれば、歸牛桑畦を辿るあり。杣人の斧のひゞきのたえまには、林鳩はるかに雨を喚ぶ。あまさへ澎湃洶湧たるわたつみの濤、碎けて萬顆の玉となるところ、金華山の沖つべに、鯨鯢千仭の波瀾をきり、一灣の弦月影依稀たる夕、松島の棹歌蛟龍を舞はし、松籟おもむろに耳朶をつく。吾妻の噴烟半空に飛龍を描き、そゞろに遊魂をして迷はしむ。

加ふるに、靑郊の路いにしよの古墓、荒墳多く、概ねむかしの俤をとゞめ、亭々たる松栢いまだ碎かれて薪とならず、孤塋、荒堞いまだ犁かれて田とならず、靑苔にうえれ、蔦羅にまとはれ、人をして征衣の袖をつくろはしむ。安積山かげ清き山の井の水をむすびては、釆女の優しき手振りをしぬび、靑葉の城の垣によぢては、往昔逐鹿の年を追懐す。もしそれ、名妓高尾のおくつきを蓬生のうちにもとめ、笠をかたむけて林友直のいしぶみを讀むに及んでは、焉んぞ、春髪在手の詩を口吟み、達眼、愛國の士の末路に思ひをはせ、以て惆悵涙滂沱たるを禁じえむや。

いでや、勿來の關のせき守もなく、百廢ともにおこりゆく大御代に、跡たえし武夫修練の道をよびいだし、氷刀を滊車の網棚に横たへ、一寒、羈旅の客に身をなして、奥羽の烟嵐に放浪し、長刀に玉はとばしらせ、韋駄天のごと荒びまはらむ、靑春重ねてきたらず、須らく南船北馬すべしとおもひなりぬ。一犬よべば、萬犬應へ、北國巡禮の士、同行九人、一蓋の菅笠に筆太に書きしるし、ゆくりなく上野よりわくがれ出でぬ。

さりとて、文屋の康秀がさそふにもあらず。すむべき國求むるにもあらず、はたまた、いざよふ月に誘はれて出でなむとおもひなりぬるにもあらず、迸溢する覇氣の一片を洩らさむためならし。ころは

卯月二日、かきくらし降る春雨に、軒の玉水琴瑟のしらべをなすに、旅裝甲斐〳〵しくとゝのへ、無聲堂裡に一輪にゐならび、瓦器と貧乏徳利とをとつてともに相屬し、陶然一醉して前途のさちを祝し、腕車十臺を驅つて上野にいたれば、校友諸氏の、脛をうづむる泥濘を犯して、親しく臨まれ、さきくわれとて吾人の門出を祝するあり。一盞の呼鈴玎璫として時の逼れるを報ずれば、賜はりしはなむけを荷ひつゝ、雨をついて車内に入り、居を一隅に定めぬ。やがて、百尺の長蛇一再の長鳴を與ふるまゝに、校友諸氏の萬歲聲裡に送られて、關山千疊のあなたに搖ぎ出でぬ。

　九十の春光都門に音づれて、東臺墨堤の花、嬋姸人を蕩せむとする時、つれなくも花草鞋ひきしめて、一刻千金の霄にわかれ、宮城野のはて、白皚々たるみちの奥に、殺氣紛々たる業に從はむとす。客愁忽焉として方寸のうちにおこり、異域、天涯に流落して、藜杖を曳いて配所の月を見むのおもゝちあり。一行の人々三昧に入りしほとけのごと、一方に割據、趺坐して、蝦蟇のごと眼のみばちく〵、しばしが程は無限の沈默をこそ守りたりしが、かくては香陵男兒の肝玉をふみつぶすにほかならじと、やがては、伊達のそれにも似たる騷動ははじまりつ。

　そのむかし、都をば霞とともに立ち出でゝ、梧桐一葉の秋に、白河の關のほとりにて行き逢ひぬ、とよみたりけむ人はいさしらず、瞬くまに百里の山河をすぎて、暮色蒼然としてわたりをこめざるに、すでに青葉城下の士となりて、客窓孤枕ひやゝかなる夜半、しらぬ小川のせゝらぎに耳を澄まさむ旅の習こそ、あはれに與あるものなれ。

〔資料9〕一高校友会誌第一四七号（明治三八年五月発行）掲載

校友會雜誌第百四十七號目錄

論說
○覇權掌握論　一、二、一　中島喜久平

雜錄
○不言論　一、三、一　三天坊

文苑
○イヴァンの歌　一、三、一　夢江
○靜謐の窓　一、一、二　紫笑
○血なからば　一、一、二　わかば

批評
○前號批評　二三子

雜報
○靖國神社參拜○寮老ゆ○藝術の權威、文苑の開放○委任解介○寄贈雜誌

漫言
○風話（四）○出羽八郎に與ふる書

部報
○弓術部報○野球部報○撃劍部報○端艇部報

覇權掌握論

中島喜久平

好箇の題目を拉し來りて、猛獅一吼の下に論去、論來せむとす。しかも自ら顧みる、疎鹵菲才、學の淺さ、河洲の千鳥なほ能く之を徒渉すべし。加ふるに古人句あり、小うるさき花が咲くとて寢釋迦かなと。士目を刮りて之を見よ。何等壯快の文字ぞや。渾圓球大の鐵拳を振ひて、茫々たる天球を粉碎し、眼前百事の奴ど爲りて、名利相逐ひ、脂韋相喜び、嫉妬嗔恚の外、頭蓋一物を包藏せざる人の子をして、一喝、宇宙の眞相を看破せしむるの槪あるに非ずや。萬丈の氣焰天に冲し、口を銜いて經世の策を說き、議論する所、踔礪風發、人をして手を拱きて下す無らしめ、或は千言雲錦の章立ろに五寸の管城子を洩れ、鬼神をして啼泣

せしむる者、寢釋迦に對しては、蚊虻の羽音を値せざるなり。今や燕子の壘壁正に完く、千紫百紅、繚亂として青髒に滿ち、紅齒、丹臉、曉粧を凝し、嬌態を盡して、手を把り、足を引き、以て吾人の寵を得むとす。小許るさき限ならずや。稜々俠骨の見、豁然達觀の士、將に枕を高うして、また空齋に横臥し、自ら延ずるを年少たるなり。何を苦しみてか、腦血を絞り、衷情を披瀝して、親愛なる校友諸兄の足下に奉獻し、共に論談せむとはする。自ら怪む、能く何物の喚發か吾をして此に至らしめしぞ。覇權掌握論一篇、高遠なるに非ず、深邃なるに非ず。其意味する所は、如何にして覇權の掌握を維持すべき歟に在り、如何にして覇權を掌握すべき歟にあらず。是れ吾人が已に有する者にして、敢て蛇足を添ふるの必要なければなり。

あゝ、吾一高が卓然として雲霄に聳立し、幾多の校舍を眼下に俯俔して、群鷄の一鶴を誇稱する所以の源泉は、そも果して何處にかある。蜿蜒たる蜻州の地、星羅碁布せる扶桑の群島、小なりと云ふと雖、柳暗に、花明に、茅屋、蝸舍、軒を列ね、鷄犬相呼應す。居をなす蒼生、五十餘万、庠序の數、また秋天の星を凌ぐ。其間に處して、亭々として衆を抜き、光芒千丈、燦たり、爛たる香陵の聖域は、果して何の故に嶄然として頭角を表はすぞ。吾人が作る所の新語は、直に滔々として學生界に流傳し、自讃の祭歌は、全中學生徒に由りて聖經視せられ、身に纏繞せる磊磯よりは、佛體の如き光明四散し、皆、鞠躬罄勉、兀々研鑽、其一員たらむ事を希ひて　造次も、顚沛も忘るゝなきもの、人をして其泉源の那邊にあるかを疑はしめずんばあらず。對外試合の時に及んで、滿身熱狂して、聲援の高さ、九天に透徹し、遙に去つて、蒼浪山なす太洋の彼岸に達するの故か。あらず。沐浴の時湯番を呼ぶ聲、洞然として空房に長鳴し、百万の軍を叱咤するの感あるに因るか。あらず。然らば則ち、吾校の思想界が超然として其壘を摩すべからず、高遠なる見界を包藏して、直に以て時代の輿論を代表し、人をして舌を卷いて禁ずる能はざらしむるによるか。あらず、吾思界秀麗にして、他に伍せざる者ありと雖、未だ以て熱望渇仰の所以に非ず。我校善美の校風が、瑕なきこと卞和の璧の如く、光輝溫にして、然も威ある、是れ總て其原因たらんずんばあらず。若し夫れ、博識高遠にして、他校を凌駕するが如きは、吾に於て、擧手投足の勞のみ。焉んぞ自ら誇稱するにあらむ。校風、其本體

につきては、吾今之を嘿々の中に附す。しかりと雖、之が中堅となり、之が源泉となり、之を鼓吹し、之を促進し、陰に、陽に、之が緯となり、經となる者は、吾校各部の運動が其基底に屹然として確立するに在るは、吾も、人も、異口同音に承認する所なり。覇權掌握は、やがて運動の覇權掌握なり。苟も之を失はば、深窓に垂れ籠めて、眼を萬卷の書に曝すと雖、士氣委靡し、萎爾として復立たず。其名堙滅し、雲淡朔翔の翼、一朝にして支離、滅裂し、奈落萬仭の底に落去すべし。

今や、市井の童、動もすれば秀陵意氣の消沈を傳ふ。われ六城櫻下に擺巾して、未だ二歳に滿たず。善美の歴史の跡とふ燈火、なほ朦朧として比較研究するに由なし。恐らくは、嚮昔に比して、何等の遜色なく、却て隆然勃興の運に在るなるべし。少くも輓近運動界の消息に於て見るも、詩人をして、國破山河在、城春草木云々の嘆を發せしむるを距る、雲烟迥々、十万億士の西にあるべし。焉ぞ亢龍の悔あらむ。さあれ、一縷の細烟の空に上る所、必らず火ありとか。田夫の言また棄つべきにあらず、正に一考を値するものあり。吾人は之を知らず、其正邪を辨ぜずと雖、覇權掌握の策を論究して、其障害を指摘し、之に對して藥を投ずるは、強ち發言にあらざるべきを信ず。

蓋し、一高各部の運動に毀害を與へ、之が委靡消沈の術策を、帷幄の中に策謀するもの、一にして足らす。群鶏が我に對する猜忌の蹴爪、また鋭なるもの在りて存す。さあれ、思へ。試驗制度改正以來、考試の難關を七寸の鞋底に踏破し、萬難を排し、火雨を凌ぎ、歩武堂々として香陵余城の人となるものは、天下の伏龍、鳳雛、麒麟の兒ならざるは無く、以てよく天資の英靈を發揮し、雲梯に攀ぢて、月桂の冠を擅にする者たり。あゝ天才の兒眞に愛すべし。更に眸を轉じて、其體貌を一瞥すれば、人をして愕然として恐れ、慄然として全身毛蟲匍匐の感を起さしめずんばあらず。語を大にして之を云はゞ、風丰秀麗なりと雖、顔色憔悴、形容枯槁し、概ね屈原澤畔の俤を止め、燈を剔りて、徹霄、苦心慘憺の跡、歴然として眉宇の間に彰れ、一見、貴公子が孤明の月に對して、笛を弄ぶの感あり。しかも、蠻勇を鼓して、百万の貔貅嘱目の所、脣を敵に裂して、破顔大笑の意氣ある者に至りては、曉星も啻ならず。懶鳥喈々窓を窺ふも知らず、幽閨の中、

破机を擁して、兀々研鑽を積まむとするも、厳冬氷床の上に、しこ踏鳴らし、肌膚皸甲を生ずるの時に當りて、赤裸々の體を朔風に暴し、空冥に向つて嘯くの士に乏し。中學時代に在りて、端綖をあやつり、野球を弄し、以て鐵心石腸を鍛造せしものは、憐むべし、籠城の難關に衄害せられ、綿々の恨を呑んて、蒼天を仰ぐ。往昔、纖弱の士、破机に纒繞すること蔦蘿の如く、蠹魚を學びて汗青を嚙み、拳大の頭腦を痛むるを欲せざるもの、兩々手を携へ、雲烟迷ふ邊僻の地より、香陵に落花を踏むの人となれりと。世事轉々、今はまた昔にあらず。しかも是れ強ち痛嘆すべきの事にあらず。天資絶倫の士、稲麻竹葦の如く、陵上に簇生す。また以て傲然誇稱を値するものあり。然りと雖、單に運動てふ見界の下には、吾人は斷々乎として、一の障碍たるを數へ、獅子心中の虫なりと揚言にするに於て、寸毫の躊躇をなす者に非ず。聞説、獨乙協會一野球の麒麟兒あり。今玆櫻花の天、正に業を卒へて、武香陵上の人たらむとす。丸山君常に之を監視し、之を方丈の居室に蟄在せしめ、敢て外出を許さず、爲に立食の間も手卷を棄つるを得ず、以て難關貫穿の武器を磨すと。之を以て之を觀る、また思半に過ぐる者あらむ。あゝ行歩嫋々として婦女の如く、神經過敏にして、奮起し、激昂し、悲觀し、痛恨し、小才を弄して人の鼻息を窺ひ、左顧右眄、貴公子の如きもの、是吾黨の士にあらず、膂力鼎を扛げ、顔面銅鐵の如く、而して胸裡の偉麗なる月弓蒲渓の紅葉を照すが如きもの、總て我校を双肩に荷ふ者たるなり。

吾人は更に進んで、此に第二の指を屈せむとす。彼の原級二回滯留の士は、飄然として流離放棄の責に逢ふの制度も、また我校獨特の障害たるを免れず。吾人は勿論、全腦を奔注して運動に蕩盡し、其本業たる學事を顧みず、臥薪嘗膽、たゞ其技の日に新ならんを欲するものを爪彈す。その運動に忠實なる、小楠公また後に瞠着たる者なりと雖、已に專門ならざる限、籍を學校に列ぬる限、人斃々として進むに、逡巡躊躇する者は、嘉賞の所以にあらず。然も眞に全身を校友に貢献し、名譽と共に殪れむの士あらむか。是焉んぞ亦一打撃たらざるを知らむや。

あゝ向陵は、眞に三年の假寐の床なり。星霜流るゝ事白駒の隙を過るが如く、陵上の花、咲きて散り、

校郊の露、置きてひる事、數へて拇指と食指と中指とを折らざるに、再び壘域の人に非ず。六城の巣を離立ちて、無限の天地に凌霄の翼を張り、霹靂殺撃の魔界の一員たるなり。三の裘葛、思へば一場の夢の如し。我校運動の繼承者となり、滔々として千載の下に流るべき香陵歴史の舞臺に身を投じ、瑞星の光になほ耿々の輝を添へ、理想の花に碎錦の彩を施さむとする者、堀切の菖蒲、片々蝶と爲りて飛ぶも、蓮池の翠蓋芙蓉をもたらし、冉々、漣漪に映ずるも、はた道灌山の虫韻唧々、耳朶に徹して、散策を促すも、一心不亂よく其技を鍛ふ。しかも三年の花月、一瞬の間に移ろひ、其技堂に至るに彷彿として、はやく夭折の禍に逢ひ、人をして芝蘭芳り難きの嘆を發せしむ。他私立大學等の年限長きに比し、我は實に僅に三歳にして、赤門楷上の人と化し去る也。これ吾人が蒙る最大打撃たらむば非ず。あゝ吾人の先蹤にして猶一載吾人と提携して、以て其技を練磨せば、豈たゞ百尺竿頭の數歩のみならむや。芙蓉風なきに散り、燕雀の恨綿々絶ゆる時なし。

吾人一年三回の試業あり、人をして其居に安ぜざらしむ。其注意點を戴くに當りてや、胸裡の刺硬、豈たゞ肝膽寒からしむる耳ならず、衝冠の意氣忽ち衰滅して、身の生存を疑はしむ。五體の流汗滴々として、瀑布長川を挂るが如し。吾姫の如き觀察眼なく、以て其適否を知らずと雖、私に思ふ、こは却て聲を大にして、其勞を省く所以、當局者の卓見勝れたるもの有りと。余常に一年一回の學生の嘆を聞き、自ら顧みて、幸運見たるを想起せずんば非ず。然も其眞は知らず、其膏血を絞るの回數に至りては、明に二回の多きあり。要するに、是れ賢明なる校友諸氏には何の關する無しと雖、運動家に取つては、陰に陽に、幾分の痛痒たるべし。

我校は二部、三部あり。其學ぶ所、復習、豫習に時を要し、微塵の奮勵、なほ足らざるを覺ゆ。焉ぞ春日の遲々たるを嘆かむ。他校の如きは、概ね是れが弊なく、試業以前一旬の疾走、よく日來の怠漫を補ふべし。見よ我校各部の撰手を、如何に一部の人士の多きか。之を思へば、吾人の選手を出す人員の範圍に於て、遙かに彼等に數等を輸するものたるを念頭に止めざる可らず。

我校生は、一般天才の士なり。學路坦々、歩武堂々、以て香陵の人となれり。要するに春秋に富むの士にして、極端に云はゞ、黄口の兒たるを免れず。之を他校の老漢、拗男の多きに比す、昭々として鏡に對するが如し。見よ一高對大學綱引の如何に困難なるかを。吾人は門外の漢たりと雖、野球端艇等に徴するも、五體發達完全の蜚が、如何に有力なるかを知る。殊に劒柔の如きは、青年躁卒の士に、達人の指を屈する事殆どなし。其技の豁然として老熟の域に入るは、却て頒白、二毛の儕にあり。見よ他校に於ては好箇有髯の士、蛇の數疋を其間に蓄ふるかを訝らしむるの蜚、學事を寓居の架棚に上げて、朝暮運動に従ふかを。

吾人狹隘なる觀察の燈光は、憐むべし如上の障碍を照らす耳。吾人は以上の外筆を呵して縷述せざるべし。然りと雖、力を臍下に籠めて、熟々之を通觀するに、是先天的なり、固着的なり。之に對して藥を投ずるは、北里、佐藤の蜚も、猶能くせざるべし。吾人羽檐掌握の術策、企圖は、かゝる本來固性の障碍を探照し、然るに後に、そが上に樹立せざるべからず。

余、南信鵞湖の畔より、鹿鳴を歌うて、人烟る帝都に遊び、三尺の氷刀幸に難關を盤破して、此聖域の人となるや。我校が稜々として、臨寰、黒潮の一方に屹立し、他校の之を崇拜する、猶ほ北辰の其所に居りて、衆星の之に拱ふが如き所以を知り、雀躍燕舞、其手足の那邊にあるかを知らざりき。然も私に疑惑の念に驅られたる者一二にして足らず。校友の體操を嫌惡する蛇蝎の如く、之に従ふに、寸毫の活潑々地底なし。教官は農夫の如く、吾人は鐵環を鼻に投ぜられ、其鞭策の下に、終日青郊の路を曳かるゝ牛馬の如く、試に生徒の顔容を望見すれば、苦蟲を嚙みしに似たり。行歩の遲々たる、屠牛も啻ならず。是吾人が訝りし者の一なり。蓋し野人三年の軍隊教育は、學識ある生徒育英の窓下に、一週三時間、八星霜の薫陶に若かざるなり。而して一朝籍を軍營に列ね、矛を横へて陣舍の月を眺むるや。爾來の修練は一雨の泡沫に歸し、氷に鏤りし玉樓の、消えて何等の踪跡を止めず。吾人は八星霜の練磨を以て、直に軍役に代へむの抱負を有する者なり。普通體操を行ふや、宛然として木偶の如く、人の爲に運動するに似たり。吾人は鐵啞鈴を研究し、筋肉は精神の配下なるを知れり。苟も滿身の熱血を灑かば、一週三時にして、然も雄姿毅然として屹立し、咄

々髀肉の嘆を生ぜむ。

次に感ぜしは、運動の普及的ならざる事なり。見よ野球部を一千の校友は僅々十に足らざるの人に委して、以て我事終れりとし、恬然として顧みず。時利あらずして二豎の頤使に嘿從し、或は業を卒へて赤門城内の人たるに及んでや、多年の辛酸具に嘗めたるもの其用を爲さずして、更らに新鋭の士の闖入を要す。何ぞ其損害の雄大なるや。吾人常に中野武治氏に微衷を披瀝し、一片老婆の愁心を寄せて、後進誘掖を勸むるや切なり。理の然らざる者あるか。將た愚弟の言に一片の金玉無きか、今に之が實行を見ざるは、痛嘆に堪へざる也。人曰く、上達と、普及とは、互に疾視反目して、水火相容れずと。蓋し然らず、趣味と、同情とは之に因りて喚發せられ、表裏、陰陽相應じて、選手を鼓吹する者幾何ぞ。對外試合に於て、疑然たる破鏡の嘆、平素の同情に比して果して何等の顏色かある。覇權掌握の策は正に此に在り。

已に各部運動の類を異にするに於ては、之に獨特の長所あるは理の當なり。柔道部の人、容貌魁偉、膂力絶倫、膽力甕の如く、豪放を好み、鯨酒高會を喜ぶ。劍道の士は、端正にして敦厚愛すべしと雖、一人を敵とし、殺伐の業に從ふを以て、一頑冥固陋の弊に陷り、小心翼々は有りと雖、光風霽月底の偉心に乏し。偏僻にして自ら相持す。弓矢を把るの士、容儀外貌を尊び、起坐一に雅致を好む。野球端艇は顯場の盛事なり、文明的にして、歐米的なり。高標を尊ぶ。夫れ連城の璧は眞に圓滿なり、無缺なり。然りと雖、紛々たる世上如何ぞ之を求め得べき。已に得ずば吾人は特色あらむ事を要す。特色あらずんば平凡なり。新來の士向陵に入るや、先づ城檣に攀ぢて大勢を達觀すべし。而して其運動を撰擇するに及んでは、自己の性能、境遇と其他萬般に思を致すは、昭々として明なれども、また眼を張大にして、運動家の品性を一瞥せずむばあらず。若其特色極度に奔逸して、彼等に惡感を惹起せむか、之れに近く、恰も惡魔の掌中に渡るが如く、爾來鬱々として寮の一隅に巣窟を構へ、聲を潛め、口を噤みて之に携はらず、杳として人其消息眠食を知らざるに至る。朝落に赳々、桓々たる偉大の人格を欣羨し、廉恥純潔の美徳を涵養せむとする柔擊道の如き、將に滿腔

の熱誠を以て力を品性の陶冶に致すべきなり。我校は由來此點に於て、優に他を凌駕し、芳菲を六合に發する者なり。然りと雖も、また蚊涙の遺憾なき能はず。吾人は其技に於て茫々たる蜻州に商鑒を垂るゝ耳ならず、また其人格に於て、世界に雄飛し、萬代に師表たるの覺悟なかるべからず。此れ覇權掌握の秘術なり。

吾人は更に論鋒を轉じて庭球に向はしめむとす。吾奥羽の烟嵐に放浪して、青葉城下の士と膝を交へて談ずるに及び、彼嘆じて曰く、我校の運動は今や滔々地を掃ひ、兜を脱ぎて庭球の軍門に降らむとすと。余萬感援々、退て之を都下に見る、高商高師は其技伯仲の間にあり、常に以て鹿を中原に追ふ。然も其他の技に及んでは果して如何吾人は斗大の膽を有す。胸襟を開いて之を甘受す。さあれ、一株の撫子に培ひて、牡丹芙蓉を忘るゝ者に非ず。吾人は我校の庭球が他を麾下に布かむ事を要すと雖、決して之が跋扈を默許するなし。宜なる哉、之を以て校友會の事業とせざるや。此また財政其他の點に因るべしと雖、先覺達見の士、眼光炬の如く、其害を未だ起らざるに除く。感嘆措く能はず。何等修正を要せざるも、特に擧げて深く將來に計らむと欲す。

吾人の經驗は、其狹小なる、田圃の荒徑の如し。以て明察に由無しと雖、各部委員の團結は、果して往昔に於て完美の者たりしか。聞くが如くんば、風波常に絶えずして、嘗ては犬猿も啻ならざりきと、互に睥睨して棣蕚の美を擧ぐるに力めず。野狐が葡萄をあさる如く、他の缺點を穿鑿、探究し、陥穽これ事とせば、焉んぞ覇權掌握の偉蹟を垂るゝを得む。吾人は、骨肉相食み、父子相凌ぎて、家門時の花を咲かすの例を耳にせず。吾人は往者を知らず。願くば思を來る者に致さむ。今や劍柔の偉星端艇に於てまた其技を拔くもの多し。千載一遇の好機なり。將に牛羊を屠殺して其鮮血を啜り、一致團結の美德を發揚し、左提右挈、以て宇内に活歩すべし。同病相憐むとは古人の言、余は運動に於て益其適切なるを見、先に寒稽古に際しては、柔道部と銀牌を交換し、親昵の實を謀れり、今や幸にして、海波恬平なりと雖、未だ滿足の期に至らず。斯ては覇權掌握の所以に非ざるなり。

來る者は迎へ、去る者は追はずと。運動を好む者は、他の挑發を俟たずして自ら進み、好まざる者は、大

條を附して千人之を曳くも至らず。常陸山の怪力、克く百貫肥健の駿馬を負ひて、淙々たる奔湍に臨ましむるを得るも、其好まざるに水を飲ましむるは、一掬と雖もよくせざる所なるべし。回想の糸を手繰れば、病床に起臥するに非ずと雖、一年有半の昔の夢なり。向陵の人となりし時、各部委員の遊説に來るや、概ね有髯の怪男兒、膂力絶倫、顏面金鐵の如く、肉塊隆々として駱駝の背に似たり。肩を聳やかし、威風堂々四邊を拂ひ、人をして惡魔の變化かを訝らしむ。至るや洞然の聲を揚げ、夜叉の如き赤舌を出し、一口に吸引せむの態度を以て、運動加入を勸む。其言簡にして意足らず、人をして雲を攫むの感あらしむ。新來の士茫然として、數人の摩利支天飛來し、手を取りて魔界に導かれむとするが如く、恐懼双手を天に延ばし、愁然として憐を乞ふ。此後進誘掖の法に非ず。吾人は熟考數番、此弊を除去して其始に於て先づ完全の萌芽を發せしめざるべからず。然らずんば焉ぞ亭々空を摩する連杷の樹幹たるを得むや。吾人は覇權掌握に此必要を見るや切なり。

大槻氏の言海、個人主義の解釋を爲さず。吾人は果して其意の那邊に存するかを知らず。之を鼓すれども鳴らず、之を策すれども嘶かず。鐘に非ず、馬に非ず。然りと雖、吾人は敢て之を探究捜索することをせず。堂々たる主義有らば、其意氣を愛して、將に之を甘受せむ。但し惡むべきは優柔の鼠輩なり、何等の定見あるに非ず、社會黑潮の波に乘り、脂韋相尙び、柔媚これ喜ぶ。吾人は寮の委員に聞けり、今や針小の口實を棒大とし、虛構を以て寮外の人爲らむとする者多しと。あゝ斯輩何ぞ向陵に濟々多士なる。吾人の如きは夏天の虻蠅、一葉の羽扇之を掃ふも、再び粘着膠附して離るゝなし。あゝ優柔の徒、中心何等の信念あるにあらず、南浪の鐵槌を以て試みに其頭腦を打てば、洞然として眞空なるを知るに非ずや。夫れ蔓草すら且除くべからず、矧んや。斯輩今に及んで一撃の霹靂を投ぜざれば、我運動部は將に倒れむとす。我寮は運動の中樞なり。靑葉城下の士、膝を打て余に嘆じて曰く、我校宿寮の設置なく、爲めに寒稽古の如き、一人硬骨の士、黎明の霜華を踏んで來るなしと。吾人は幸に此特權あり。彼等の夢想にだも及ばず。吾人は宜しく、運動の基礎を寮に置き、以て其振起發興に力めざるべからず。須らく俗界の一隅に割據して、何の必要もな

くたゞ偸安を欲するものを撲滅し、覇權掌握の基底をして、盤石の如からしむべきなり。

柔劍道を正課たらしむる事に關しては、由來異說紛々たり。余未だ滿身の力を脐下に籠めて、熟慮默想せし事なし。然れども、此覇權掌握に關して、ころりかんとして烏と柳の如し。吾人は敢て喃々の辯口を發さゞるなり。

あゝ吾校何ぞ理想の花の美にして、且大なる。千餘の健兒、行步常に朗々讃美し、稱嘆す。吾決して之の自惚に非ざるを知る。さあれ今師弟の關係は果して如何ぞや。吾人の眼に映ずる師は、學識高遠にして近づくべからず。威儀堂々、凛として吾人は一言を發するをも敢てせず。退いて思ふに、吾校由來天下の粹を拔く。師の君また他校と匹儔すべきものに非ず。必らずや超然として地を拔く數等なる者あらむ。吾人は親昵せざるべからず。吾人は鷄の雛の如く師を擁して、訓戒の聲を聞くべきなり、而してまた其運動奬勵の策を計らざるべからず。今や明徹なる校長閣下上に在りて、燦として我運動部の上に照る。上の欲する、下之に倣ふは自然の趨勢なり。然らば則校長諸先生の奬勵の叫喚は、軈て覇權掌握の大要件たらずんばあらず。

論じて此に至る。顧みれば何等嶄新の論なく、腐臭紛々鼻を撲つ。夫れ千糸の髮なほ斷つべし、僅々一寸の心は截つべからず。以て肝を披瀝する所以なり。聞く、「麗水にして始めて金沙なり。「花岡にして始めて至寶の玉ありと。維新の時、薩長土肥が間世の才を續出せしもの、豈偶然ならむや。一滯翕然たる純美の風あり、其華を拔き、其粹を蒐め、始めて大人物は表顯するに非ずや。然らば則、手を懐にし、足を包みて、偉麗なる運動家の出現を望むは、木によりて鱧を漁するに異ならず。焉んぞ覇權掌握に在らむや。

民皆無心にして幸福の日を送り、大地より其營養を取り、大地は至る所其藏蓄する物を開いて之に與へ、歲々月々人の求欲する賠物をなすを怠らず、世態斯の如きに當ては萬事萬物皆其自然に從ひ、人各々己を以て最も智あり又最も善なる者となす、人皆相併立して大智者あるも之を見る事毫も常人に異らず、靜し事として靜に來り靜に去らざるはなく、其自然を守て毫も他に待つ所無きが如し

老子

生徒間の制裁

中島喜久平

起稿の催促が飛霰急湍より激しき此寒空に、自分は沈痾の悲境に沈溺してゐる。といつては餘り沈み過ぎる樣であるが、實の所、立ちすくみ、寧ろ寢すくみの姿である。五尺三寸九分の身を挺して二豎の頤使に、古沼の萍の如く、任せ果てたとて、偖て其代りに五寸三分九厘の管城子を氣呑氣儘に頤使する譯に行く者で無い事は賢明な學友諸君の炳乎として炬の樣な眼で一寸睨んで見れば分る事で。

抑本問題の如きは極めて愼重な態度に出でゝ、科學的に、一點批難のうちどが無い樣に立論せねばならないのである。しかし窮鼠の今日ではあるが、猫を嚙むの勇氣は五臓六腑を叩いても出ては來ない。從てそんな野心も起せる筈は無く、また何等斬新な、人をして團栗眼を見開かしむる樣な見解もある譯ではない。平易に、通俗的にやつ付け樣と思ふのである。かくいふは何も遁辭でも無ければ、また諸君を瞞着しやうとする譯でも無い。殊に況や諸君の腦力を疑つて態々卑俗的に説かむとする輕蔑的態度に出づ

る者で無い事は、定めし諒せらるゝであらう。英雄の心事は光風霽月底である。しかし蠟を嚙む樣な、淸水が丘の落葉の樣な乾燥無味であるよりは、いふ事に醬油と砂糖で味をつけて、天眞爛熳なる靑年讀者の數を一人でも半人でも增さうとするは、慥にその要件の一つである事は、此に白狀して置く。

以上縷述せる如くであるから、制裁なる語に對して學理的の定義を下す事は、少し憚かる。たゞ此語を諸君が口ずさんだ時、遽として諸君の臍の下だか、頭蓋骨の中だかに、應と答へる觀念、むしろ概念でそれで宜しい。それ以上は必要でない。從て要求しない。

先づ順序として制裁の種類を擧げて、夫々に一寸瓜で茶漬といふ樣な、さつぱりした說明を與へ。その間に於ける生徒間の制裁が占據すべき位置を見出して、以てその本來の眞面目を明らかにしやうと思ふ。

かく思ふた所で、偖然らば則ち制裁なるもの丶種類は幾個あるかと數へて見ると、一方の手の拇指から折り始めて、同じ手の小指を折ればすでに盡さるのである。

先づ先登第一は生理的制裁である。これは諸君は既に實驗に實驗を重ね、經驗に經驗を積むこと、千石船に米俵を積んだ樣に知悉して居るであらうと思ふ。柴折り焚く圍爐裏の火に唐黍蜀の大俵を燒く、その芬芳沈香を焚くに彷彿としてゐるので、占めたといひ樣、蟇の如き口をあいて、河豚の腹の如く、しこたま收入する、果ては死ぬるかと思ふ樣な白眼をするに至る。いはゞ鵜呑鷹の目とでも形容したい樣。果せる哉、更やうやくたくる頃、因果覿面、腹の一角黒雲油然。迅雷沛雨、遂に兜を脫いで胃活の軍門に降り、足乳根の母に飛んだ心配を掛けて、不孝の罪穴にも入り度い氣のする樣になる。これ生理

的制裁である。兎角青年は食慾それ自身である傾向を有するので。赤羽根を餘所目で通り、藤の森を涼風に衣を攘はせて素通りにすればよいのに、胃が不服を申したつるものだから、つひ胃車にのせられて、團子を喰ひ氷を呑み、みすみす此種の制裁の生擒する所となるのである、自分が此稿を草するに當つて、往時を追想して、覺えず背に冷汗の直下するを感ずる。

第二に來る者は即法律的制裁である。此經驗は諸君に有つたら大變である。これは併し刑法法典でも繙いて見たら直にわかる。兇徒聚衆の罪の所に、兇徒多數を嘯集して暴動をはかり、官吏の說諭を受くると雖も仍は解散せざる者、首魁及敎唆者は三月以上三年以下の重禁錮に處す、附和隨行したる者は二圓以上五圓以下の罰金に處す、とある。鐵窓中の呻吟、經驗は無いが思ひやられる。靑天白日鳶飛び魚躍るの中間に俯仰して居るは如何に樂しい事じやないか。また違刑罪の條下を見ると、路上に於て犬其他の獸類を嗾し、又は驚逸せしめたる者、神祠佛堂其他公の建造物を汚損したる者等は、二日以上五日以下の拘留に處し、又は五十錢以上一圓五十錢以下の科料に處す、とある。何だかこんな樣な事は諸君のうちにもあり相な事である。自分も内密をいへば有る。

次に來る者は宗敎上の制裁である。この制裁を恐れて日々の行爲を愼むものも中々多い。諸君の樣に、なに念佛、あれは齒拔け婆のやる事だ、靑春氣鋭の士が兀々木魚を叩いて、それが禿頭となる迄寒念佛を唱へるなどは、面白可笑しくて出來た者では無いなど丶、更らに取り合はぬ方々には、或は此觀念は無いかも知らぬが、虛言をいへば閻魔樣に舌の根をぬかれると思つて居る人はよく知り拔いて居る、あの御柱祭や、原山の祭などへ行くと、芝生や松の枝さし交はす中等へ、如何はしい蓆を引き繞

らして、地獄の有樣を所謂覗きといふ者で見せしめる、やれ此が焦熱地獄だの、やれ何だのと。見れは青ざめたる亡靈が、熱湯沸きたぎる中に投入せられたり、竹の鋸で首を斬られたりしてゐる。中には青鬼赤鬼が三十有餘貫といふ南蠻鐵の疣瘤だらけの棒を手頃だといふ樣に小脇にかい込み、閻魔の廳に捌きを受け居る罪ある人の子の傍に、襟首を鷲掴みにしてゐる。閻魔樣が回想の糸を手繰りつゝ帳面を撿べて居る。命令一下、直に驚天動地といつて天は無いかも知らぬが、慥に動地の大暴行は演ぜられて、修羅の巷の光景悲風慘雨、見る見る鮮血淋漓といふ有樣、實に人をして感心はさせないが寒心はさせる。これは大變、なる程和尚樣のいふ通り吾人日常の行爲、煎茶喫飯は愚、欠伸一つやり、虱一疋潰すにも、ちやんと地獄の鏡に映つてゐるわい、もし採薪汲水一も尊い佛陀のみのりに戻らないと、三万億土の西にある極樂へ行けるといふて足弱で、腰が梓の弓張り月では、そんな迥々たる遙けき路は、少し心掛りだが、とに角淨土へ行つて蓮華の上の玉しく座につく事が出來るとかう思ひつめて、清淨潔白に法の燈火に親しむは、即此制裁を恐れてからの事である。或は輪廻の説を信じ、前世は金毘羅の社の鼠なり、曩昔供物の餅を竊りし科により、現世に苦勞せざるべからず。老いても方丈に閑居し、悠々自適するを得ず。しかし若し善根を積みて怠らざれば、來世には、權門に生れ終世絹ぐるみの衣を得べし、しからずんば浦山の蛇となるべし等の事を雜書より穿鑿し出し、これを信じて行を愼むも亦此の種に屬するのである。以上擧げ來れば、沙羅双樹の葉數も及ばないから此邊でとゞめを刺し、次に來るべきは輿論の制裁、次に殿後の重鎭たるべきものは良心の制裁である。吾人は法網にかゝらないにしても、不德の行爲があると、その屬する社會の爪彈を受けて、輿論の制裁の擒となる。吾人は國

民なるを以て我帝國の法律に絶對的に服さねばならぬと同じ樣に、社會なる一有機体の分子たる以上は、また社會の發展進歩に害を流すや否や、直に痛罵排斥の悲運を招いて、永劫浮む瀨のなくなるは、當然の事である。社會は進歩するに隨て分化依存の實を擧げて來る。即吾人と社會との關係は人体と其細胞との如き關係であるが、その關係がいよ〻密接となつて來るのである。そこで自己の適存と社會の適存とは全然一致する。この理を曉らずして一時の營利私慾の惡念に驅られ、其他色々の事をして一朝社會の蠢賊とならんか、社會は輿論を以てこれを制裁し、鐵槌は頭腦上に直下するのである、良心なる者は感情を有し、理性を有し、裁判所のあらゆる役割をする。まづ犯人となる。次に其違法の行爲を撿擧する撿事となる、辯護士となる。判事ともなる。また遂にその制裁を受けて獄舍の鐵鎖に繋がれ、具に苦痛をなむる者ともなる。これ最も公平な緻密な者で、何人もその奸智を廻らし、月の眉花の顔の盛裝を凝らして、蜀江の錦繡を以て外面を飾つて胡麻化しをやつても、中心はその呵責を免る〻事は出來ないのである。これに反して如何に社會の爪彈に遭逢し、または鐵窓の格子を洩れる冬の日の薄き光りわたる事は出來なんでも、俯仰その良心に愧ぢなんだならば、絶大の安心と勇氣を有するを得るのである。

さて諸君不知の間につまらぬ事を長たらしく述べて來つたが、然らば他の四つの制裁は果して公正の者であるか、と詰問して見るに、吾人は生理的、法律的及宗教的の制裁はその批評のうちに入れまいと思ふ。これは冗長に渡つては失禮であるから、諸君が炬燵の留守番をする時の料にもと殘して置く。勿論團子を喰つても胃袋の强い者は、何の糸瓜とも思はない、法律と道德との關係は耳に胼胝の當る程聞かれた事であるから。そうかといふて次に說かうとする者が破天荒の卓論では無いが。輿論の制裁の欠點に

付いては、本論の眼目の一部であるから、稿を起したが因果こゝに平凡ながらも述ぶる責任がある。自分は斷々乎として斷言するが、輿論の制裁なるものは、金甌無缺の者でない。衆目の見る所、十指の指さす所、誠に嚴然たる者がある。それは疑ふ餘地はない。しかし既に輿論といへば一般衆人の考へである。即普通の智識を代表して居る者である。故に天下の憂に先じて憂ふる的の達人傑士の慧眼は俗人の未だ夢にだも見ざる所を洞察して餘すところがない爲めに、万古不磨の卓説も一般の人は借す耳をもたず、或は狂人の寢語なりとし、甚だしきに至りては世を呪ふ者として或はうなじに加ふるに三尺の秋水を以てし、或はこれを遇するに獄牢を以てし、あたら英傑が利器を懷抱しつゝ社會の迫害に遇ひ、長江の怨を呑んで不歸の客となる者が多い、此等は社會が不正に輿論の制裁を用ゐたのである、かゝる例は靑史を繙けば頭は瘤だらけとなる程出逢ふのである、試みにこれを維新當初の達觀の士に覓めても、惜に鶩湖の雜魚程はある。

以上に於て自分は大略制裁の種類とその價値とを述べ盡したと思ふ。しかし心もとない次第である。所で猛進一番生徒間の制裁なる者は。右の五種類の何れに屬するかを五寸の草鞋に踏破探險して見ると、勿論胃が痙攣を起したとて鐵拳が降る譯でも無いから、生理的の者ではない。一服の安知必林散で癒ゆる筈がない。また宗教的及法律的の者でない事は、誠に見易い道理である、如何にしても其性質は輿論の制裁である。一校の生徒仗龍鳳雛の兒左提右挈相集ひて一有機体を組成する。而して此有機体は自已固有の保持する所あり、目的あり方針あり、風習特長をもつて居る。これを毀ちこれを亂る者は、正しく仇敵視して差支へない。其放縱の所爲を默許して顧みなんだならば、連抱の巨木蠹虫縱横。如何にしてか

亭々雲淋を摩するの雄姿をなす事が出來様ぞ。一校の美風倏忽の間に地に委し、從て其分子たる個人の修養埋もれて鴆毒のうちに在りだ。

既に生徒間の制裁が其性質に於て輿論の制裁に屬する以上は、亦同様に其欠點を受け繼いでゐる事は、これ免れ難い數である。制裁委員の如き者が私權を恣にし、偏頗を敢てし、空威張を敢てし、職權を乱用して私憤を霽すの具などにしたらば實に大變の結果を喚び起す事になる、また達觀の士、挾む所大なる士が、動もすると其行事奇に類し、或は唱ふる所が極めて正しくて、良藥口に苦し的に感ずるが故に、これに向て鐵拳を振ふが如きは、實に非常なる罪惡である。しかし事實問題としては、同年業しかも同學識を有する青年の間に起る者は、輿論の正鵠を得ない事は極めて稀であるが、しかし此點に緊褌一番するを要する。輿論は正しくても制裁委員の上述の如き爲め。看す看す不正なる制裁の犧牲となる者は比較的に多い、これは小學校には誠に多い例で、學校の往復に路傍の地藏の頭を叩き落したり、鷄に石を投げにりする腕白者が、滿校の專制權をその垢だらけの手に掌握して、無垢の品行方正なる者を、罪ありと輿論を喚起し、他は雷同附和して酷い眼に逢はす事がある。我母校の過去の歷史に顧みても、安政戊午の大獄時代の無かつたとは大膽の自分も斷言は出來ない。

生徒の制裁に大權の行使ではない。勿論生徒は學校長に屬する者である。以上は最高の威力を有する者ではない、兩者は校長の科する制裁と生徒間の制裁とは必ずしも一致せざるのみならず、兩者は時に大衝突を生ずる事がある、此の場合に何れが正しいかは頗る疑問の事がある。また制裁を受くる人には、校長に譴責を喰つて蔭で舌を出す者で、生徒間の制裁に逢つて涙滂沱たる者がある。此等に付いて

は少し意見をいひ度いが、冗長となるから省いて置く。

次に生徒間の制裁の方法であるが、或は鐵拳を振ふてこれを亂打し、所謂叩き廻しといふ事をする。或は正義を説き友愛の眞情を以て涙の裡に極諫する。或は口を極めて醜行を痛罵し、長風幽林を渡るが如き破鐘聲をあげ、口角泡の繁き華嚴の瀧のしぶきもかくやと思はるゝ計りに衆人環視の間に誹毀して、腹のかたまり癒やして、これで腑が落ち付いたとする者もある。或はまた教師にせまりて、此生徒に云々の罪科、醜行あり、須らく制裁を加へ給ふべしと申告する方法もある。その他色々書けば長いが、右のうち何れを以て上乘とすべきか。時の宜しきに從ふを可として一定の法はない。或は鐵拳も宜からう。しかし原則としては道理を以て諄々説き、感化的に前非を悔い將來を愼しましめるといふ方法が穩當である。國家に於ける法的制裁の發達上からも報復的なるは比較的初歩の時代に屬して居る。

次に生徒間の制裁執行の効果であるが、先づ生徒全体に對して生ずるのである。即一方に於ては威嚇によつて破廉恥的傾向を制馭し、他方に於ては生徒間に嚴然　たる制裁ある事を示して團体の目的方針を强固ならしむるものである。次に被害者に對して生ずる。即その惡行が決して生徒間に看過せられざりし滿足を得るのである。しかし被害者は生徒なることあり、他人なる事あり、又全く無き事もある。第三には制裁を受くる人自身に對して生ずるのである。此場合に於ては威嚇と改善とを以て、再び有道の君子として、共に手を携へて琢磨研鑽を積まうとする目的なることがあり得る。また永久的にこれを團体以外に驅逐して、再びその惡行を働かしむる餘地を與へない樣にすることもあり得る。しかし學校以外に放逐する事は生徒の權限内にない。校長との相談上成り立つ事である。偖右の三つの効果のうち何

れを主とすべきか。此れに關しては頗る面白き研究がなされうると考へる。が原則としては第一と第三とを以て主眼とすべきである。而して感化と改善とは制裁を受くる人の性質に俟つ所が頗る大で、もし惡性が甚だしければ、幾多の辛酸も、熱涙萬斛の諫言も、牛の角を蚊の刺す位の價値しかない事がある。然る時はこれを不能の地位に置くより仕方がなくなる。

秩序もなく、筆の走するに委せ、下らない事を喃々としやべくり立てゝ、井戸端のお三を辟易せしめた。しかし病蓐匆々の產物、暴言と龍頭蛇尾を免れない。讀み直して自失する程である。が敢てこれを以て投稿の責を塞ぎ、且最後に余輩に多大の望を抱ける雜誌部委員に對して、その望に添はざるを悲むものである。

論説

諏峽文化優劣原因論

在大學　中島氷雨

拉し來つた論題は崇高尨大である。然し内容に至っては粗劣なものである事は、劈頭第一に白狀して置く。余輩は何等精緻な觀察や、特殊な統計を爲した譯でも何でも無いが、東都に往還する度毎に、諏と峽との文物が甚相徑庭せるを、直覺的に胸裡に印象し來るのである。送迎する湖山の態樣がしかも度一度毎に此感を益深く感ぜしめるのである。さうして是は一片空想の烟として滅し去る事は出來ない事實である、たゞに諏峽の比較と云はず、我桑梓を圍繞する各地とも亦此關係に於て立つは、試みに洛城高等の學舍に於ける學生の數に於て、俊秀の士の輩出に於て、眞に見易い現象である。此一種異樣な現象に對する一小好奇心は、諏峽文化の何故に斯く相徑庭せるかに就いて余輩を驅つて聊研究の体度を取らしめたのである。此に列擧的に論ずるものは勿論その一片にすぎないが、門外漢たる余輩の研究であるから、其論旨が荊蕪の亂れ亂

れて底止する所なしと云ふ有樣に立ち至るば、豫想せられる結果である。

先頭第一として余輩の觀察眼に觸れたのは、舊幕時代配藩の影響である。德川氏が諸藩配置の歷史を回顧すれば、信山の地は、天嶮天塹が相擁して、自然の儘なる金城湯地であるから、一藩に與へるは猶虎を養ふが如しといふので、眼糞の樣に小さく分封した。甲斐とは峽の字で山の逼れる間の事、その枕詞なまよみは、なまゆみ即生弓の轉で、生弓は生だからうねく曲る所より取つたので、縈廻せる山谷の意である。その生よみの甲斐も山容水態が信の域に彷彿たるものがあるが、山岳連亘の工合が分封に適しない。といつて一藩に與へるのは、劍を吞む樣即劍吞至極、以て枕を高くして眠るを得ない。近くは機山公にも鑑みて、寧ろ收めて掌中の珍とするに如かずといふので、柳營直轄の領域中に繰り込んだのである。山陽賴氏が源氏入洛の卷を結ぶに當つて、「京人相語りて曰く計らざりき今日復白旗を見んとは」、とやっ付けてあるが、余輩も此筆致に傚つて、此配藩が計らざりき今日文化の徑庭を見んとはと云ひたい。全体舊幕時代に於ける學事なるものは僧と醫と士との占有物であつた。此處暫く僧と醫とを仲間外しにすると、峽は甲府といふ中央にあらゆる文化が集中して居つて、天離る鄙には士族の氣は少しも無かった。反對に諏訪は小藩であるから、士族は高島の城下にのみ集まる必要は毛頭ない。隨て鄕黨に野處した。道義文物に比較的通曉して居る輩が、鄕黨の農夫と相交はり相談ずる機會が多い。目今の流行語で云うて見ると、所謂機會が均等でない。これが諏訪文物の今日駸々たる少なくも一原因であると思ふが僻目か。

次に余輩の觀察眼に觸れたのは、貧富懸隔の影響である。諏訪程貧富の懸隔の少ない所は天下に罕であ

らうが、峡程また甚だしい所も罕である。あの極端な二境域が相觸接して居るので、隨て文物發展に對してを、原因結果の連鎖の一鎖環を作らざるを得ない。かく云ふと論理的で無い樣であるが、峡の有樣を見るに、一資産家があれば所謂家の子とも稱すべき小作人が四五軒より、多ければ何十軒もある。此家族は丸で一縷の細き生活の烟を其地主の御蔭で蝸牛の樣な茅屋から立てゝ居得るやからで有る。地主の田畑を耘耔して居つて、地主に冠婚喪祭があれば雲集して來て、味噌を擦つたり、薪を割つたり、足を空に惑はして奔走する。一旦その忿怒に觸るれば。父子相擁して俚巷に泣くの悲境に陷る。豈愍然たらざるを得んやである。代りには、自家で伉儷の瑣細な典でも擧げる時は、花嫁と云はず、花聟と云はず、友禪の振袖や、黒絽の羽織其他衣類一式を頂戴するの恩賜がある。此一事を見ても其狀態を揣摩するに難からずである。隨て普通教育は此打撃の爲めに不振を來して來る。さうかと云つて地主の若樣もあまり發明でない。學問よりは寧ろ團子と云ふ始末。結果郷黨に文化が行き渡らない。故に郷黨美風の凝固りまり其物である傑士偉人は、遠くその跡を絶つて、曉方の星を數へるより心細い次第となるのである。

次に余輩の觀察眼に觸れたのは、二作取りの影響である。峡の土地は諏訪に比すれば比較的荒蕪である、從って經濟が豊でない。荒蕪でないにしても諏訪より暖かであつて、野に椿山茶花あり、冬に時めきて小供が其蜜を目白の眞似をして吸つて、甘露の如しなどいうて居る位であるから、あたら生産を看す看す對岸の火事視するも、譽めた話でないと云ふ所で、二作取りと出掛ける。稼穡の事は善く知らないが、麥を蒔いたり、薩摩芋を作ったりして野邊の仕事が多くなつて來る。又百姓以外の者でも秋冬の間たゞ徒らに炬燵を擁

しては、栗を焼いたり、餅を食ったり計り玄て居られない、青春氣鋭の者は何がな職業をあさり當て丶働いて居る。それも裕福なら其必要もないが前述の通り貧者が多いから止むを得ざる現象である。古人も晴耕雨讀といひ、或は雨そぼふる日と、夜と冬とを三餘といって讀書の期として居る。諏訪に於ては、嚴冬は。肌膚皸甲を生ずなどいつて丸で天賦の淸閑の様に考へて、所謂穴籠なるものに這入つて、一日二三足それも自分が孟春盛夏の頃の料にとて、草鞋を織る位が關の山で、後は全く植物的生活を送る、即 To Vegetate するのである。玆に一郷具眼の士が慷慨の結果、卒先誘導して、夜學會とか談論會とか、色々の會を起して、絶えず青年を覺醒して、刺戟剤を投じて居る。始めは遊び半分、父兄へ草鞋を織らぬ口實位に見えるものでも、幾分志せば實に豪い者で、蠅が手を擦る間位では眼に見ねる結果を獲得する事は出來なんでも、積れば塵も山で、幾歳月の間には渾然として文運に資益する所が大となつて來るのである。

要するに四頁半といふ注文もあるから、蚯蚓の曝背の様な長たらしい文字は弄せないが、この趣味ある研究に就いては、江湖の諸君にも定めて面白い議論が有らうと思ふ。お互ひにこれが原因結果の關係を研究して其基因する所を知り、百尺竿頭更らに歩をすゝめる地盤を確信し、保持し、形成するのは眞更の徒事ではあるまい。余輩もこれに向つてをなほ研究の歩武をすゝむる積りである。

秀麗な山川の靈氣凝りて偉人を生ずなどいつて、文運の發達と明媚な風光とい相因緣して居る如く云ふ事が昔から有る。余輩はあまりにかゝる詩人の誇稱的棒大的言辞に信用を拂ふものでは無いが、然し絶對的否定は勿論しない。而已ならず餘程の眞理を其間に發見するので有る。希臘の明媚な山水の紫明が幾多の大

思索家大英傑を生じたを見ても其一斑を知るを得る。諏訪の小天地に就いても、山浦方面丘陵が犬牙相錯綜する地方よりも、湖邊や富士見高原地方に、諸方面に於ける幾多の先輩を見るのである。矧んや諏峽相對比してその颪土上よりしたならむ面白き研究がなされ得る。これは諸君の領分として殘して置く。

　要するに、世界文化抑もの發展が肥沃な大河の緣邊に在つて、生活問題所謂 Magenfrage に顧慮の無い地方から其曙光をもたらしたるぞろ、口角沫を飛ばして崇遠な史界の潮流に棹さゝずとも、お隣の材料を捕捉して來て、蔭でこつそりと研究して見るのが、余輩素人藝學者《アマーチユーア》にとつては、適當であり、また實益も多い次第であるまいか。

くちなし集

中島氷雨

比叡の山法師《ほつし》のつむりふくかぜの寒さしぬばゆ鳥羽の如月《きさらぎ》。
くちなしや胡地めくをかに王昭の君にも似たるかへり咲きかな。
舞衣《まひぎぬ》のまゝ小鼓《こつゞみ》のみまくらにかぜめしませな梅に雪ふる。
ヴァニラ（Vanilla）咲く珊瑚の島に南洋の夏を消ちつつ月さしのぼる。
ほつれ毛に星眸《まなざし》ほろめ風うけし人亡《な》き夏の古扇かな。
たゝかひぬ菫一もと三めぐりし蟻の重盛ありの義平。
洛城や春の灯《ひ》たゝへ清水《きよみづ》と八阪の塔のかたらふけはひ。
わがむねの金の小鈴を時じくにふりにくる鳥君飼ふらしも。
牢獄の石のはざまの草花に寃をさゝやくとらはれ人よ。

草の扉《こ》をほとゝたゝけば虫獣《や》みて火《ほ》かげらおきぬさる人のがり

一三

雑　録

折井君の遺書

中島氷雨

三〇　喜久平

左の一篇は、亡き友折井亮君が余に齎せる最後の書翰にして、實に悲報の前三日に受領せるもの、綿々四間半に亘れり。故人が勤務匆忙のまに〳〵ものせる文なれば、世に公けにせんには、おのづから多少の筆を加へざるを得ざりしは、遺憾の極みなり。されど筐底に秘めてひとり私するに忍びず、敢て編輯子を煩すことゝなりぬ。墨痕淋漓、佛陀の聖地にさすらふを以て筆を擱く。果して何等の因縁ぞや。末端尻切蜻蛉の如しと雖、蓋し第一信なり。あはれ何れの日かまた鶴首してかれの第二信を待たむ。文中 Long sign は有名なる歌にして、螢の光と同符なり。因みに附記す。

喜久平兄足下

時孟春に入りて以來眠食果して如何。梅唇未堅き如月寒の候、小生は赤道直下僅に百度を凌ぐ趙盾の猛威に苦められ、瀧なす汗を垂らし居り候。處變れば品變る西比利亞の朔風寒山を吹くほとり、氷とか霰とかいふ語の方却て Charmful なるを覺え候。伊太利の山川に放浪せば、Venezien 水郭の婉麗なる畫をとの御所望も、今はあらぬそゞろ事と相成り、滿目椰子と土人とのみの昨今は、御土産を氣張る元氣も雲散いたし候、頃者差上候數葉の繪葉書は短箋意を盡さず、いでや出艢目日記にても物し參らせて、玉案下に奉呈致し度候

諸將軍、諸艦隊の眞心溢るゝ送別を跡に、未來希望の荷を積みて横須賀を解纜致し候ひし時は、男子の

目睫涙の交るを禁じ得ず候ひき。扶桑の空に名たゝる富士の芝山が烟霞の裡に葬られ果てゝよりも、なほ陸に似たる雲を幾度見返して、故園の地に名殘を惜みしことよ。今や大陸の小さき二片は母の懷をはなれて、無限の平滑なる海甸に放たれ候。多様なる感想は交々胸を襲ひて、遊子の魂を迷はし、小生は幾度か艦橋に樹立して、茫然自失の情体に陥りしよ。さわれ冥想の樂みを貪るも、日沒後一時間のことに候。舟乗りは急がしき者ぞとは百も承知に候へども、時に及びて愚痴の出で候も止を得ざる次第に候。

如月には稀なる日和にて、海波恬平、夕さりくれば、黄金の雲地平線のあなたに湧き、星光水の面に落ちて、飛鷗の羽振ゆるやかなる時は、武骨なる小生も、天然の偉麗なる景色に同化せられ候心地致され候と、それも須臾にして烏羽玉の夜の帳あたりを閉せば、湧き來るはいひ知らの淋しき心根、耳底にのこれるは出帆の時の Ould long sign の歌、

Should ould acquentances be foreget and ve'er
brought to mind ?
Should ould acquentances be foreget and days
of ould long sign ?
For ould long sign,my dear,for ould long
sign.

we'll take a cup of kindness, yet for ould long sign.

と歌ひ直して見ては兄等の健康を祈り候ひき。

内地の航行に於ける一ケ月の海上生活は、雑多なる出來事これあり候て、未馴れざる少壯士官が蛋取り眼をもて迂路突き廻り候は、見る眼もかたはら痛く候ひき。されど時には一艦の運命を双肩に負ひたる如き顔ばせもて、喜色滿面の奴等も多く見受け候。聽て得意時代の花に候へども、騰天の濁浪に檣摧け艦覆るの曉來らば、先登第一に青ざめ果つるは、彼等に候べしと思ひ來れば、獨笑壺に入るを禁じ能はざるにて候

さあれ發航以來静平なる海の摸樣、圓盤上珠を轉ずる如く、無限の水平を Slide する樣は實に莊嚴の極みさや申すべく候。二十九日夕さり琉球諸島の影を認む。うちに諏訪瀬島あり。異郷にも床しき島の名よと思ふ間わらせず再視界を去り果て候。三十日台灣海峽にさしかゝり候。支那海の北東 Mon-soon は霜月より四五月頃までを最强盛の時期と致し、殊に臺灣海峽は名たゝる風神の荒れます個所に候へば、少くも十より十一位迄の奴には邂逅の榮を得るならむと豫期致し候も、三十一日海峽の中頃に至り候頃はひ襲ひ來り候ひしは、八九位の風力にて、艦隊の傾斜四十度に及び候も、別に一驚を喫する程の事もこれなく、流石の難塢も只の一日に滑り去るを得たるは、實に多幸なる航海にて候ひき。回顧すれば、軍艦舩傍が明

治の初年失踪致し候も、偖此邊の事に候。思へば凄き浪の色にては候ひき。

濃霧たちこめて、澎湖島は看れどもわかず。三日黎明鯉魚門より香港を右舷に眺めつゝ入港いたし候。兀たる山、丸坊主の山、これ聽支那の山に候べく候。海岸の彼方此方豆程の小家に赤い紙青い紙等張り渡して喜び居り候が、彼等の住居と見受けられ候。汚らはしき極みに候。恰新玉の年立ち返りたる頃に候へば、爆竹の聲は流石に盛にて、白頭の老翁迄が餓鬼小供に交りて、惜氣もなく豚尾を垂らしつゝ、呑氣な顔して花火を弄び、嘻々として何やら笑ひさゞめくは、實に見易からざる光景にて候ひき。聞くならく、爆竹の高度はその家庭の幸福に比例すと爲す習俗ありと。宜なる哉、彼徒生業を放擲して懸命に此戯をなすは。香港よりの繪葉書は御落掌の御事と存じ候。該港は英國が清國より得たる後極東に於ける軍事的根據地として經營せるものにして、築港の壯人を驚かしむ。なほ目下新しきNaval yardを建造致すべく、莫大の資力を惜しげもなく投じつゝあり候。一般に海軍錨地には他國軍艦の投錨を許容せざるは常規なりと雖、特に好意を以て隨意繋留の恩典に浴し、且多様の便益を與へられたるは、流石に同盟國に候。港に入るに先ち、英國々旗に對する皇禮砲後、日本國旗に對する答禮砲あり。殷々天柱をめぐり壯快云ふべからざるものこれ有り候ひき。

碇泊所としての常港は、善美の者として推稱するを得す。これ潮流の激甚なるに因るべく候。四日には上陸、市街を見物致し候。今雜感を少々申上候へば、該市はあらゆる國民の聚合地にして、殊に支那人は

大部を占め、逆旅商舗一も彼等の手を經ざるものこれなく候。支那人街は例によつて例の如く、臭氣紛々鼻持ちならず候へども、毛唐の市衢は流石に整備致し居り候。Peak tramwayと稱するPeak hillの頂点に達するCable-carは實に壯觀にして、毛唐の物好きにも驚き入り候。Peak hillは二千呎を拔き、聯隊の駐屯あり。瞰下すれば全市一眸指呼の間に在り。風景實に旅人をして快哉を叫ばしむる者これあり候。自由貿易港たる故を以て、物價極めて低廉、たゞ酒類及阿片にのみ税を課す。商船の集散離合甚だしく候。言語は諸國人の雜居の地とて英語のBrokenにて充分通じ候。日本語も或度までの勢力を占獲致し居る樣に候へども、慨然として長大息を洩すべきは、邦人の商賈の情況に候。三井三菱等を除外すれば、信用なる者蕩然地を拂ひ居る如くに候。故園を放れて異郷にさすらふ時は邦人の影は親しく樂しき者に候を、我商人が船にもたらす物品には、正當の價格を附したる者一物もなく、口から出任せに出鱈目を述べては、相手を胡麻化し了せむとするに、頼母しき思とては寸毫も起らず候。且彼等三千人中多くは醜業に從事する者にして、如何に大和魂の脱け売が、外人に媚を賣り居るかに想到致し候へば、おぞましくも亦あはれに候。

五日軍艦船渠等を見學す。建造中のNaval-yardは長六百呎、巾百四十呎、吃水四十三呎、頗る大なる者に候。軍艦内の状況に關しては、こゝに省略すと雖、清潔の維持に於ては到底帝國軍艦に一籌を輸せざるを得ず。

六日拔錨、南下西貢に向ふ。日を逐うて炎威赫々。十日夏服を着く。炬燵を擁して隣人うち集ひ、茶を

啜りつゝ浮世話しに餘念なき故園の二月とは、雲泥の差に候。十一日紀元節。明鏡の如き太洋のあなたより差し上る朝日子も、檣頭に翩々たる日章の旗も、今日は一きは色濃く思はれ候。九時半遙拜式を行ふ。正十二時皇禮砲二十發。同時に祝盃をあげ候。夏服にて紀元の佳節に逢ふも、また面白き人世の運にこれあり候。午後よりは餘興にて、擊劍あり。角觝あり。此等に使用する道具は素より艦内に具ふるを得ず。皆人の苦心にて流用を致すにて候。土俵の如きはコクションアットを下に布き、周圍はハンモックに候。廻しは古き帆布に綱の切れたるを以て縫を施し、力士の名も或はスタンション、或はボルラートペットなど、艦内器具の名をあつるも、奇異に候はずや。夜來は講談、芝居、我とあらむ藝人は皆出演致し、日頃の澁つ面から百鶯の流囀を訝る美音が出で候。これに由つてこれを見れは、瓢箪より駒も眞逆の虛事にはあらざるべく候。

日を逐うて暑氣彌增之、天測等も Sextent を變へて、麥藁帽子に汗水たらし居り候。憶に遠航中の苦みの一と存じ候。十八日午前十時水天髣髴の間に島影を認め候。十二時東印度の東端佛領James pointに着し候。ホンコーエ、カムラン灣等に於ける往時の露艦隊寄港の地は、六十浬沖の海上を航行せる爲、狀況を審にするを得ず。さあれ、苦心慘憺の程思ひやられて、座に當時を追懷して一種の感にうたれ候。夜はてゝに假泊せり。眼鏡をとつて陸をうかゞふに風物正に熱帶を示し候。椰子に、橄欖に、連抱の樹木鬱々巨人の身構へし如きうち、小奇麗なる洋館の点々たるは、いと須賀〳〵しく、難波がた住吉の里と何れか住

心地よかゝむなど、柄にもあらぬ詩趣を逞しうするも、旅の習とあはれに候。

十九日朝まだき、各艦一時間の間隔をとり、西貢の流を遡る。川幅廣からざれども、水深九尋乃至十尋。兩岸は果しもあらぬ幽林にて、遠つ昔より斧の音もせざるにや連亘數十里、猿のつれだち行くなど見ゆるも愛嬌に候。四時間五十浬にして西貢に到る。商船の在泊せるもの五十余隻。主として獨逸滊船にて、日本滊船も一隻あり。同市の氣候は例によりて熱氣酷烈、微風だにあらばこそ。呉牛の嘆も起るべく候。さあれ夜に至れば熱帶の習とて、風露頓に衣の袖に涼しさを覺え候。佛國の東洋に於ける海軍根據地だけありて、軍艦數隻、水雷艇二十隻、潜航艇七隻、舢艋相擁せるを見受け候。二聯隊の陸兵あれども半數は土人にして、矮小の躰軀物の用にも如何かと危まれ候。市は頗る清楚に候へども、晝間は門戸殆閉されて無人の古街の如く、夕に入りては景氣俄に加はり、三々五々手に手をとりて散歩するを見受け候。晝は寢て、夜は遊ぶ、これを以て能事終れりとなす感あり候。演劇も近頃巴里より呼び寄せられ、盛に演ぜられ居り候由に候へば、一夕散歩がてら見物致し候。當市に於ける佛人の歡迎は、至れり盡せりにて候ひき。

新嘉坡、ペナンは差したる事も候はず。日本人は殆計盡して醜業に從事致され居り、國辱の發展はいゝ加減にて御免を蒙り度、心細き限に候。馬來人にも及ばず。支那人に至りては、取引上に於ても非常なる勢力を有し、英人の如きも其驩心を買ふに力め居り候。ペナンは邊僻の地にして黑き土人多きに居り、蘭領バザン灣は山形水態目覺むる迄に美はしく、殊に黎明の涼しき風旅衣を拂うて、幽林の巨木に戰ぎを見

する時は、魂魄も天外に飛びて形体の役を脱する思これあり候。當灣は炭水の積み込みに好適の地に候へば、近頃大に手を入れ、新嘉坡と競爭せんず鼻息荒く候。港内水深く、巨舶と雖、棧橋に横付するを得候。此邊沙魚多く、艦側に會議を開き居るを見受け候。

碇泊一日にして明旦印度洋の客と相成候。一週にわたる航程波なく、風なく、平坦砥の如き上を滑り候。袖すり合ふ船も稀にして、海の沙漠の感あり候、渺茫たるベンガルの入江には帆影も見えよかしと祈りしも甲斐ころあらず候ひしか。

指日々並べて彌生十三日といふに、東方遙かに錫蘭の嶋影を認む。八時ツリウコアリ港に入る。海甸風なく、暑氣西貢を凌ぐ。兩岸に斗出したる丘陵、圍まれたる入江、水いと深く、屈指の良港なる如く覺ゆ。當初英人は該港を以て東洋海軍根據地とせむの下心なりしも、新嘉坡を租借せし以來は、振り捨てられて顧られず、有情かはた無情か、風物悲愴の色を帶びたり。恰冬期演習に當れるを以て、三晝夜炎熱蒸すが如き裡に、獰猛なる演習行なはれ候ひき。陸戰隊、敵艦捕獲、商船臨撿、流汗背に徹し、五體疲弊殪れむむかりの裡、一言の不平を聞かず、職責に忠實なる彼等水兵を見ては、一種の感は容赦なく胸を襲ひ候。此心ありて始めて日本海上曠古の偉績を樹てたるならむか。

十四日夕見學の爲上陸を許さる。人口三千、英人は僅に十數人、他はヒンヅー人種及タメル人種に候。純平たる印度風俗にて蝸舍は涼しき樹間にたてられ、椰子の實もて作られたる水入を頂にして行く黒人は、

越後の昆布賣りに似通ひ候。土人は英語を綾釣り候。教育事業は見るべきものあれ有り Mid dle school 及 Mission school あり、彼等の間にも中等の教育はよく普及せる如くに候。日露戰役に關する物語は、印度人の聞かむとして耳聳て丶集り來る者にして、亡國の民時に及んで發憤慷慨し、或は涕泗滂沱、自邦の末路を說くあり。見る眼もいぢらしく候。

十五日行を整へてコロンボに向ふ。十七日到着す。當港は東西兩洋航行の要路にして、炭水糧食の爲寄港する船舶日に十指を屈し、日本瀛船また每週三隻ありと申すことに候。築港の壯麗宇内に比を見ず。用ゐる所の Block は大徑堅牢に候。築港内優に百隻を容るべく、繋留船舶は正しく排列せられ居り候。市内支那人の影を見ざるは、今迄の港灣に比し變手古の感いたし候。いと物珍らしかりしは動物園と博物館とにて候。熱帶の動物得意顏に活躍いたし候は、日本にて見るを得ざる光景に候。殊にセミクラとか稱する虫は、其身の保護の完備なる實に驚くべく、稍葉大にして、色彩形態正に葉の如くに候は一同呀と云ひたる耳に候ひき。博物館には佛陀に關する古物累々堆高く、聖地に於ける寺院の彫刻繪畫等古色蒼然、春秋二千を超ゑ居り、美術に門外漢たる小生にも有難みを覺ゑ申候。土人は佛を崇信すること實に甚しく、僧侶は一生佛戒を保持し、潔白に身を持し居り候。さる人に導かれて Nidgoda college 及 Maligakanda ある伽藍に遊び候。恰日本人の留學するあり、立花和尚といふ。曹洞宗大學の出身なりと。天外異域に佛陀に私淑する人、信心如何に堅固ならむかし。印度第一の名僧智識をば Smangara と申し候。人格高雅、識見卓越

にして、今のエドワード陛下曾此地に至られし時も、椅子に横臥せられし儘、はづかに叩頭の禮をせし耳と申すことに候。此高僧に面謁するに至りては、實に思ひも寄らざれど、立花和尚の紹介もあり、旁好奇心も起き候と覺しく高僧一寸話して見たき由にて、幸に延見せられ候、殊の外御機嫌にてお世辭など振りまきてやりしに、痛く喜び居られたる如くに候。姓名を忘失いたし候ひしも佐賀の人にて高齡八十二才の老雲水、佛蹟を歷訪して、この地に巡錫せられたるに逢ひ候。日露の役には陣營の間にあり、貔貅の慰籍を以て天職とし、戰局を結ぶや、飄然去つて印度に入る。一語片言を解するに非ず。單身野に伏し、山に寢ね、露をなめ、雨を啜り、間關流離、あらゆる聖域を探り、碑文の如きは紙に刷りて盡く持ち居り候。話す所奇警にして、恐らく好個の Volume を充たすべきものこれあり候。驚くに堪へたる老僧に候。

キアンデーは名たゝる佛蹟にして、佛齒を祭ると申す事に候。廿日黎明衙を蹴て、キアンデー行の滊車に投じ候。八十浬の內地に在り。途險崖相擁し、深谷相逼り、椰子あたりを塞ぎて、眺めは一しほに候。四時間にしてキアンデーに達す。海を拔く二千呎、不忍池の二倍大なる湖水あり。水淸澄無比にして俗腸を洗ふに足り候。佛齒を藏する印度寺に詣づ。神聖莊嚴の四字形容して餘蘊なし。釋尊の修養せられたる菩提樹今も千古の色を堪へて、枝さしかはし、絕大なる哲人が昔を偲べよがしに立ち居り候頓首。

文苑

二〇

折井亮君追悼の詞

中嶋氷雨

今日文月廿日、正顯乃精舎に人々うち集ひて、故海軍少尉候補生折井亮君が靈位のみ前に頸根つきぬき一縷反魂乃香を燒きまつる、あはれ、西の方、玉鉾のみちのくまで、無量壽の國の奥ふかく、一蓮托生の臺に安けくも趺座します往にし人よ、鈞天のあなたより白羽うち羽振り、天翔けり來まして、往昔温藉の俤をこゝに再現しませ。

顧すれば、澎湖島邊、震天の一爆、動地の一閃、卯月つごもりの黎明を破り、浩波の一過、鯨鯢の一呑、渾圓球上に松島の鐵艦を奪へりし時は、すでに事はてにき、南洋のしのゝめは徒に紫だち、椰子の葉ゆりゆく曉風は徒に涼しかりき、鶯の縫ふてふ梅の花笠の、糸より細き君が玉の緒すら、繋がむすべは盡き果てたりき、杼の實なす慟哭の涙、石走るたぎつ瀬の、ひたゝぎりにたぎりて、恆河の沙數を凌ぐとも、君が永劫の眠に響きを與ふべくもあらずなりにき、かなしいかな。

江田島螢雪の幾とせ果てゝ、人生の蕾はすでに朱唇をもたらし、南溟の一葦、君が希望の荷を積みて、海甸のあなたに疾驅しぬ、印度洋鼇擊の浪、喜馬拉耶凌霄の峰、世はたゞ君が爲に廣く、君が爲に高かりき、しかも母胎を離れし驥馬、一朝夭折の悲風に遭逢し、命運の扉忽地に閉され、利器を懷抱して、身を彌陀の來迎に托しましぬ、君國の爲とはいへ、不時の災厄なり、君が本意たらざるべきを思へば、長き恨綿々としてまたいづれの日か絶えむ。

それ空蟬の世は、正に槿花一朝の榮なり、人生いづくに朝菌蟪蛄と擇ばむ、等しく百歳をまたずして、おのが柩に釘せられ、冷たき土くれはそが上に搔き落さるべし、さあれ涙は理性の產物にあらず、解脫頓悟も亦漣々たる涕泗りのものにあらずや、われ等中學に在りて、君と机を學窓にならべ、斷金の友垣かたく、君が性情境遇知悉して餘すなきもの、感殊に深大なり、けふ法のむしろにつらなりて、手向くるに水を以てせず、花を以てせず、幸に胸裡一滴の血しはあり、これやこの、紅葩の花と甘露の水との、凝りなせるものにあらじか、いなか。

附記折井君の夭折は去歲の今頃に屬す、ぬるき風おもわを吹きて洛陽に春めぐり、うたゝ故友の俤をしのぶの情に堪へず、乃筐底をあさりて、せめてもの思ひ出に、舊稿を學友諸君の誌上によす。

玉《かぎ》蜻《ろひ》集

中嶋氷雨

玉蜻《かぎろひ》の、岩垣淵《いはがきぶち》の、口籠《くごも》りて、のみをらまくは、わな田鶴《たづ》田鶴《たつ》し。
朝亦吉《あさもよし》、岐蘇《きそ》の木列《きつら》の、列々《つらく》に、思《も》ひてぞこしな、木曾《きそ》の棧《かけはし》。
玉刻春《たまきはる》、宇都《うつ》の山邊《やまべ》の、空蟬《うつせみ》し、目離《めかれ》もえせず、めでし君はも。
衾道《ふすまぢ》を、引出《ひきで》の濱の、ま玉藻《たまも》の、根をたえ、人のたよりしらなく。

（春の夜のすさびわ、古調に擬す、江湖の詞兄幸にな咎めそ。）

豪《えら》いひと

皆《みな》さん、世《よ》の中《なか》には、豪《えら》い人《ひと》と豪《えら》くない人《ひと》とあります。冬《ふゆ》の寒空《さむぞら》に、襤褸《ぼろ》を着《き》て、菰《こも》を被《かぶ》り、ぶるぶるふるへながら、毀《こぼ》れたお椀《わん》を抱《いだ》いて、人家《じんか》の軒《のき》にたち、犬《いぬ》に吼《ほ》えられたり、子供《こども》に口《くち》ぎたなく罵《のゝし》られたりしながらも、兩掌《りやうて》を合《あは》せ、悲《かな》しい聲《こゑ》をしぼって、何卒《どうぞ》おめぐみなされて下《くだ》さいましと、頭《あたま》を低《さ》げて憐《あはれみ》を乞《こ》ひ、辛《やつ》とのこと、一《ひと》握《にぎり》の殘飯《のこりめし》を戴《いたゞ》いて、田舍《ゐなか》の辻堂《つじだう》の縁側《えんがは》あたりで、ぼりぼりと喰《た》べ、露《つゆ》の命《いのち》をさゝへてゐるは乞丐《こじき》であります。

乞食《こじき》も若《わか》いうちはまだしものこと、老《おい》の浪《なみ》が額《ひたひ》に寄《よ》せ

て來《く》ると、腰《こし》は弓《ゆみ》のやうに曲《まが》り、髪《かみ》は雪《ゆき》のやうに白《しろ》く、洟《はな》をすゝりながら、杖《つゑ》にすがって、とぼとぼと歩《ある》きまはり、果《は》ては、病《やまひ》に罹《かゝ》っても臥《ふ》すべき床《とこ》もなく、名《な》もしらぬ路《みち》傍《ばた》にいき倒《たほ》れてしまう。これはまことに豪《えら》くない人《ひと》の一《いつ》生《しやう》であります。

それとは異《ちが》って、學《がく》問《もん》も廣《ひろ》く、才《さい》智《ち》も勝《すぐ》れ、技《ぎ》藝《げい》も優《まさ》り、德《とく》義《ぎ》も高《たか》く、自《じ》分《ぶん》の利《り》益《えき》などは全《まつた》くそっちの退《の》けにして、世《よ》の人《ひと》の幸《しあ》福《はせ》を増《ま》す爲《ため》に、一《いつ》心《しん》不《ふ》亂《らん》に働《はたら》き、命《いのち》をも抛《なげ》擲《だ》して、天《てん》下《か》國《こく》家《か》に盡《つく》す人《ひと》は、生《い》きてゐるうち、衆《おほ》くの人《ひと》に尊《たつと》び敬《うや》まはれるは、勿《もち》論《ろん》のこと、死《し》んで後《のち》も、神《かみ》樣《さま》として祀《まつ》られたり書《しよ》物《もつ》に書《か》き傳《つた》へられたりして、幾《いく》百《ひやく》千年《ねん》の後《のち》までも、萬《ばん》人《にん》

の鑑《かゞみ》と賞《ほ》め稱《たゝ》へられるので、これは誠《まこと》に豪《えら》い人《ひと》の一生《いつしやう》であります。

皆《みな》さん、豪《えら》い人《ひと》も、豪《えら》くない人《ひと》も、等《ひと》しく人間《にんげん》であります。鼻《はな》もあり、口《くち》もあり、眼《め》も二つ、耳《みゝ》も二つ、手《て》も足《あし》も二《ふた》つづゝあります。それでどうして、斯様《かやう》に差違《ちがひ》が出《で》て來《く》るかといふに、それは全《まつた》く平生《へいぜい》の心掛《こゝろがけ》一《ひと》つであります。幼《をさな》い時《とき》の心《こゝろ》掛《がけ》次第《しだい》によって、豪《えら》い人《ひと》ともなれますし、豪《えら》くない人《ひと》ともなれます。

皆《みな》さん、皆《みな》さんのうちには、盗賊《とうぞく》となって、夕闇《ゆふやみ》に人《ひと》の家《いへ》に忍《しの》び込《こ》んで、警察《けいさつ》の御厄介《ごやくかい》となり、遂《つひ》に牢獄《らうごく》に繋《つな》がれたり、または乞丐《こじき》の群《むれ》に交《まじ》って、犬《いぬ》に吼《ほ》えられながら、人《ひと》の檐《のき》

端《ばた》に蹲《うづくま》って、憐《あはれみ》を乞《こ》ひ世《よ》の中《なか》の屑《くづ》として、爪《つま》彈《はじき》をされるやうな、豪《えら》くない人《ひと》となりたいと、思《おも》ふお方《かた》はありますまいみな一《いつ》生《しやう》懸《けん》命《めい》に學《がく》問《もん》を修《をさ》め、德《とく》義《ぎ》を磨《みが》いて、日《に》本《ほん》帝《てい》國《こく》の爲《ため》大《おほ》きくしては、世《せ》界《かい》二十億《おく》の人《ひと》々《びと》の爲《ため》に、一つ臂《ひぢ》を捲《ま》くって、働《はたら》いて、偉《い》人《じん》、英《えい》雄《ゆう》、豪《がう》傑《けつ》といふ、芳《かんば》しい名《な》を永《なが》く殘《のこ》さうとお考《かんが》へなされてをらるゝことゝ思《おも》ひます。

さて、さやうな豪《えら》い人《ひと》になるには、如《ど》何《う》すればよいか。

勿《もち》論《ろん》生《うま》れながらに、賢《かしこい》と愚《おろか》とは幾《いく》分《ぶん》ありませうが主《おも》に幼《おさな》い時《とき》からの心《こゝろ》掛《がけ》が肝《かん》緊《じん》であります。幼《おさな》い時《とき》に椀《わん》白《ぱく》ばかり起《おこ》したり、惡《いた》戲《づら》ばかりしてをって、跡《あと》で不《い》可《けな》いことをしたと、齒《は》嚙《がみ》足《あし》摺《すり》をしても、過《す》ぎた歲《とし》月《つき》の復《また》還《かへ》って來《き》て、昔《むかし》の

春《はる》に逢《あ》へる氣《き》遣《づかひ》はない。それが厭《いや》ならば、伊《い》藤《とう》公《こう》のやうな立《りつ》派《ぱ》の心《こゝろ》掛《がけ》を、幼《おさな》い時《とき》から持《も》たなければなりませぬ。束《つか》荷《り》の里《さと》の、時《し》雨《ぐれ》も、月《つき》の光《ひかり》も、遠《えん》慮《りよ》なく漏《も》れて來《く》るやうな、詫《わび》しい草《くさ》葺《ぶき》の屋《や》根《ね》の下《もと》に生《うま》れ、夕《ゆふ》暮《ぐれ》になれば、油《あぶら》德《とく》利《り》の汚《きたな》い奴《やつ》を吊《つる》さげて淋《さび》しい田《た》舍《なか》道《みち》を、町《まち》の方《ほう》へと油《あぶら》買《か》ひに行《い》つたことも度《たび》重《かさ》なりました。大《たい》專《せん》坊《ぼう》へ來《き》てからは、みすぼらしい味《み》噌《そ》擦《すり》小《こ》僧《ぞう》、小《ちひ》さい胼《ひゞ》だらけの手《て》で、お寺《てら》の廣《ひろ》い庭《には》の草《くさ》を除《のぞ》いたり、長《なが》い緣《えん》側《がは》に雜《ぞう》巾《きん》掛《がけ》をしたり又《また》和《お》尚《しやう》さんの肥《こ》えた肩《かた》の凝《こり》を揉《も》んだこともあつたに違《ちが》ひありませぬ。

その小《こ》僧《ぞう》が、かゝる立《りつ》身《しん》出《しゆつ》世《せ》をして、從《じゆ》一《いち》位《い》大《だい》勳《くん》位《い》公《こう》爵《しやく》

となり、死《し》して後《のち》は國《こく》葬《そう》にまでせられたとは、何《なに》事《ごと》であるか。たゞ平《へい》生《ぜい》の心《こゝろ》掛《がけ》が、人《ひと》と違《ちが》ってゐたばっかりであります。

萩《はぎ》へ來《き》てからは、薪《まき》小《こ》屋《や》の中《うち》に、古《ふる》蓆《むしろ》を敷《し》いて座《すわ》り、麥《むぎ》の握《にぎり》飯《めし》を嚙《かじ》りながらも、手《て》習《ならひ》學《がく》問《もん》を勵《はげ》まれたとは、感《かん》心《しん》すべきことではありませぬか。

口《くち》八《や》釜《かま》しいお祖《ば》母《あ》さんは、いつも十藏《ぞう》夫《ふう》婦《ふ》にはつらくあたり、おひ出《だ》してしまはうとしたことも度《たび》々《く》ありましたが、孫《まご》の利《り》輔《すけ》の心《こゝろ》根《ね》が、孝《こう》行《こう》で、しほらしくありましたから、その可《か》愛《あい》さにひかされて、思《おも》ひ止《と》まって、居《を》ったといふことであります。これを以《もつ》て觀《み》ても、其《その》心《こゝろ》掛《がけ》が、人《ひと》並《なみ》でなか

つたのは能《よく》わかります。

朝《あさ》は明《あけ》の明星《みようじよう》が、まだ光《ひかり》を失《うしな》はないうちから、蒲團《ふとん》を蹴《けつ》て跳《は》ね起《お》き、夜《よ》は隣家《りんか》も寢靜《ねしづ》まつて聞《きこ》えるものは犬《いぬ》の遠《とほ》吠《ぼえ》と、谷川《たにがは》の流《ながれ》ばかりといふ頃《ころ》までも、學問《がくもん》を勵《はげ》み、技藝《ぎげい》を磨《みが》き、其《その》ほか何事《なにごと》によらず、有益《いうえき》なことを、傍目《わきめ》もふらず、一《いつ》心《しん》不亂《ふらん》にするのは、誰《たれ》も惡《わる》いことゝ思《おも》ふ人《ひと》はありますまい。皆《みな》、國家《こくか》の爲《ため》にも、一身《いつしん》の爲《ため》にも、此程《これほど》結構《けつこう》なことはないと、お考《かんが》へなさるでありませう。

さう考《かんが》へたらば考《かんが》へたなり、實際《じつさい》に行《おこな》つてゆけばよいが、偖《さて》行《おこな》ふ段《だん》となると臀込《しりごみ》をしてしまひ、朝《あさ》は朝《あさ》で、雨戸《あまど》の節穴《ふしあな》を洩《も》れて、日《ひ》が閨《ねや》に射《さ》しても、起《お》きやうともせず、夕《ゆふべ》は

夕《ゆふべ》で、毀《やぶ》れた机《つくゑ》に對《むか》って居《ゐ》るよりは暖《あたゝか》い蒲《ふ》團《とん》の中《なか》が慕《した》はしくなる。これでは平《へい》生《ぜい》の心《こゝろ》掛《がけ》のよい人《ひと》とは申《まを》されませぬ。

伊《い》藤《とう》公《こう》が韓《かん》國《こく》統《とう》監《かん》となられた當《とう》時《じ》は、此《この》上《うへ》もなく忙《いそが》しかったので、殆《ほとんど》二週《しゆう》間《かん》も、閨《ねや》に籠《こも》って眠《ねむ》られたことはなかった相《さう》であります。平《へい》生《ぜい》も、夜《よ》は二時《じ》に寝《い》ね朝《あさ》は必《かならず》七時《じ》前《まへ》には床《とこ》を離《はな》れました。起《お》きてゐるうちは、手《て》を束《つか》ねて、ぼんやりしてゐることはなく、屹《きつ》度《と》何《なに》かの仕《し》事《ごと》を見《み》附《つ》けて、働《はたら》いて居《を》られたといふ話《はなし》であります。

是《これ》は、一《ひと》つは君《きみ》を思《おも》ひ、國《くに》を慮《うれ》ふる心《こゝろ》の勵《はげみ》からであるは勿《もち》論《ろん》でありますが、また一《ひと》つは、伊《い》藤《とう》公《こう》は誰《たれ》も及《およ》ばない程《ほど》

健《けん》康《こう》の身《から》體《だ》を持《も》って居《を》られたからであります。いくら赤《あか》い眞《ま》心《ごゝろ》が燃えてをってても吹《ふ》けばまふやうな、嫋《なよ》々《なよ》の、弱《よわ》虫《むし》では、磐《ばん》根《こん》錯《さく》節《せつ》をきりぬけて、國《こく》家《か》の寶《たから》となることは出《で》來《き》ませぬ。

憲《けん》法《ぽう》制《せい》定《てい》の時《とき》は、井《ゐの》上《うへ》毅《つよし》が、西《せい》南《なん》戰《せん》爭《そう》の時《とき》は、木《き》戸《ど》孝《こう》允《いん》がそして日《につ》清《しん》戰《せん》爭《さう》の時《とき》は、陸《む》奥《つ》宗《むね》光《みつ》が、君《くん》國《こく》の爲《ため》に、皆《みな》疾《やまひ》を得《え》て、知《し》らぬよみ路《ぢ》に旅《たび》立《だ》たれました。

伊《い》藤《とう》公《こう》は、浦《うら》賀《が》の陣《ぢん》屋《や》詰《づめ》を、藩《との》侯《さま》から仰《おほ》せつかってより哈《は》爾《ろ》賓《びん》停《てい》車《しや》場《ぢやう》の露《つゆ》と消《き》えたまで、五十年《ねん》の長《なが》い星《とし》霜《つき》誰《たれ》にも劣《おと》らぬ苦《く》勞《ろう》をして、日《に》本《ほん》帝《てい》國《こく》に盡《つく》されましたが、六十九歳《さい》の最《さい》後《ご》まで、決《けつ》して病《びやう》氣《き》に罹《かか》られたことはありませぬ

若《もし》洋《やう》行《かう》の憂《う》き浪《なみ》枕《まくら》の辛《つら》さに、健《けん》康《かう》を害《がい》せられ、荒《あら》くれ男《をとこ》の水《すい》夫《ふ》どもに、知《し》らぬ海《うな》原《ばら》の底《そこ》深《ぶか》く、死《し》骸《がい》を投《な》げ棄《す》てられたやうなことがありましたなら、國《こく》家《か》の寶《たから》は一《いつ》生《しやう》みがゝれずに、魚《うを》の腹《はら》を肥《こ》やした位《くらゐ》でありましたらう。

皆《みな》さんも豪《えら》い人《ひと》になりたいならば、一《いつ》生《しやう》懸《けん》命《めい》に身《から》體《だ》を達《たつ》者《しや》にし、藥《くすり》瓶《びん》と首《くび》っ引《び》きをするなど、といふことは、間《ま》違《ちが》っても無《な》いやうに力《つと》めねばなりませぬ。

伊《い》藤《とう》公《こう》は、國《くに》の爲《ため》、君《きみ》の爲《ため》になるならば、針《はり》の山《やま》にも跣《はだ》足《し》でのぼり毒《どく》の淵《ふち》にも身《み》を躍《おど》らせて飛《と》びかねまじき覺《かく》悟《ご》でありましたが、寸《すん》分《ぶん》も一《いつ》身《しん》一《いつ》家《か》の利《り》益《えき》をはかるやうな心《こころ》はありませなんだ。

十《じゆう》萬《まん》圓《ゑん》や百《ひやく》萬《まん》圓《ゑん》位《くらゐ》なお金《かね》は、何《なん》の苦《く》もなく、雀《すゞめ》の子《こ》をとらまへるよりも安《やす》々《く》と、儲《まう》けられる位《い》置《ち》に居《を》られながら決《けつ》してそんな貪《どん》慾《よく》な眞《ま》似《ね》はせられなんだのであります邸《やしき》といへば、大《おほ》磯《いそ》の滄《そう》浪《らう》閣《かく》ばかり、それも一《いち》時《じ》は人《ひと》手《で》に渡《わた》さなくてはならない程《ほど》の、貧《ひん》困《こん》にも陷《おちい》ったことがありましたが、幸《さいはひ》、天《てん》皇《のう》陛《へい》下《か》から御《お》手《て》許《もと》金《きん》を頂《ちやう》戴《だい》いたしました爲《ため》、事《こと》なく濟《す》んだといふ程《ほど》でありました。

また、東《とう》京《きやう》には自《じ》分《ぶん》の住《すま》宅《ゐ》はなかった爲《ため》、官《くわん》舍《しや》に居《を》られなんだ時《とき》は、旅《りよ》館《かん》にお泊《とま》りになるよりしやうはありませなんだ。

天《てん》皇《のう》陛《へい》下《か》は、伊《い》藤《とう》公《こう》が、かくも君《くん》國《こく》の爲《ため》に、一《いち》意《い》專《せん》心《しん》に思《おもひ》

を焦《こが》し、一家《いつか》の利《り》益《えき》は、すっかり忘《わす》れて居《ゐ》る心根《こころね》を憐《あはれ》まれ憲《けん》法《ぽう》制《せい》定《てい》の功《こう》勞《らう》を紀《き》念《ねん》せらるゝ爲《ため》、府《ふ》下《か》大《おほ》森《もり》に立《りつ》派《ぱ》なお邸《やしき》を賜《たま》はりました。

かくて、品《しな》川《がは》の海《うみ》に莅《のぞ》んで、うるはしく、おごそかな恩《おん》賜《し》館《くわん》は、陛《へい》下《か》の深《ふか》いみ惠《めぐみ》の光《ひかり》にかゞやいて、明《めい》治《ぢ》四十一年《ねん》の二月《ぐわつ》に落《らく》成《せい》し、早《はや》咲《ざき》の梅《うめ》の匂《にほひ》のなかで、賑《にぎ》やかなお祝《いはひ》をいたされました。

しかし伊《い》藤《とう》公《こう》は、昨日《きのふ》は東《ひがし》、今日《けふ》は西《にし》、國《こく》家《か》の爲《ため》に馳《か》け廻《まは》って、有《あ》り難《がた》い仰《おほせ》の恩《おん》賜《し》館《くわん》に、圓《まどか》な夢《ゆめ》をむすんだことは、數《かぞ》へる程《ほど》すくなかったてありませう。

今《いま》は、大《おほ》森《もり》の恩《おん》賜《し》館《くわん》も、大《おほ》磯《いそ》の滄《さう》浪《らう》閣《かく》も、住《す》むべき主《しゆ》人《じん》を

失《うしな》って、窓《まど》に聳《そび》えて居《ゐ》る玲瓏《れいろう》八朶《はちだ》の富士《ふじ》の姿《すがた》も、濱邊《はまべ》の松《まつ》の枝《えだ》がくれゆく眞帆《まほ》片帆《かたほ》の影《かげ》も、見《み》てくれる人《ひと》はありませぬ。悲《かな》しいことの極《きはみ》ではありませぬか。

皆《みな》さん、世間《せけん》には貪慾《どんよく》のかたまりみたやうな人《ひと》がありまして、自分《じぶん》の腹《はら》さへ肥《こ》やせば、誰《たれ》がどんな酷《ひど》い目《め》に遭《あ》はうが、まるで平氣《へいき》の平左衛門《へいざゑもん》、どこを風《かぜ》が吹《ふ》くといったやうな顔《かほ》をして、澄《す》ましてゐる。それはまだしも、もっと甚《はなは》だしいのは陰《かげ》でせゝら嗤《わら》って居《ゐ》る者《もの》も、決《けっ》して尠《すくな》くはありませぬ。そんな人達《ひとたち》は、爪《つめ》の先程《さきほど》も豪《えら》いとは思《おも》はれませぬ。

皆《みな》さんも、伊藤公《いとうこう》のやうに、豪《えら》い人《ひと》となりたいと思《おも》ふならば、まづ公《おほやけ》の前《まへ》には私《わたくし》をすて、君國《くんこく》の爲《ため》、世界人類《せかいじんるい》の爲《ため》に

は、火《ひ》にも、水《みず》にも、躍《おど》り込《こ》まうといふ決《けつ》心《しん》がなくてはなりませぬ。これを犧《ぎ》牲《せい》的《てき》精《せい》神《しん》とまをしまして、その尊《たつと》いことは、眞《しん》珠《じゅ》や、金《こん》剛《ごう》石《せき》には比《くら》べられませぬ。

伊《い》藤《とう》公《こう》は、常《つね》に此《この》決《けつ》心《しん》の臍《ほぞ》を固《かた》めてをられた。滿《まん》洲《しゅう》の旅《りょ》行《こう》に出《しゅっ》發《ぱつ》せられる前《まへ》の夜《よ》も、ある人《ひと》が、充《じゅう》分《ぶん》に御《おん》身《み》を大《たい》切《せつ》になさいましとまをしましたら、伊《い》藤《とう》公《こう》は顏《かほ》色《いろ》を變《か》へられ、お前《まへ》はまだそんなことといって、心《しん》配《ぱい》してをるか。報《ほう》國《こく》の爲《ため》に殺《ころ》されるは、實《じつ》に花《はな》だ、老《おい》の身《み》に咲《さ》く白《しら》百《ゆ》合《り》の花《はな》だ、と答《こた》へられた相《そう》であります。

また平《へい》常《じょう》も、われは自《じ》分《ぶん》の白《しら》骨《ほね》を、露《ろ》清《しん》韓《かん》三《さん》國《ごく》の國《くに》境《さかひ》、長《ちょう》白《はく》山《さん》の頂《いただき》に埋《うづ》めるが、年《とし》來《ごろ》の所《しょ》望《もう》であると、口《くち》癖《くせ》のやうに

述《の》べられたといふことであります。

それが生憎《あやにく》中《あた》って、哈《は》爾《る》賓《びん》停《てい》車《しや》場《じよう》に、國《こく》家《か》の爲《ため》に濺《そゝ》ぎ盡《つく》した餘《のこ》瀝《り》の血《ち》を濺《そゝ》いで、露《つゆ》のひぬまの白《しら》百《ゆ》合《り》の芳《かんば》しき馨《かをり》をとゞめられました。伊《い》藤《とう》公《こう》は定《さだ》めて滿《まん》足《ぞく》に思《おも》はれたのでありませう。

しかし日《に》本《ほん》國《こく》民《みん》の悲《ひ》嘆《たん》はどの位《くらゐ》でありませう。身《み》も世《よ》もあられぬ千《せん》秋《しゆう》の遺《ゐ》恨《こん》は、大《おほ》磯《いそ》の松《まつ》吹《ふ》く風《かぜ》の絶《た》えざるかぎり、萬《ばん》代《だい》の後《のち》までも語《かた》り傳《つた》へられるでありませう。泣《な》いたならば、また伊《い》藤《とう》公《こう》が生《い》きかへって來《こ》られるといはゞ、五《ご》千《せん》萬《まん》の同《はら》胞《から》は、杤《とち》の實《み》程《ほど》の大《おほ》粒《つぶ》の涙《なみだ》を垂《た》らし、天《てん》地《ち》も崩《くづ》れるばかり聲《こゑ》を振《ふ》りあげて、何《い》時《つ》迄《まで》でも泣《な》くであ

りませう。
しかし、散《ち》った花《はな》は復《また》枝《えだ》にかへらず、逝《ゆ》く流《ながれ》はもとの水《みづ》にあらず、歸《かへ》らぬことにくよくよするは、男子《だんし》の耻《はぢ》とする所《ところ》であります。幼《をさな》い時《とき》からの心掛《こゝろがけ》次第《しだい》で、豪《えら》い人《ひと》になれるなれば、つまらない涙《なみだ》を流《なが》すを廢《や》めて、お互《たがひ》に一《ひと》奮發《ふんぱつ》して國家《こくか》の至寶《たから》となり、第二《だいに》の伊藤公《いとうこう》となり生《うま》れ甲斐《がひ》のあるやうな、一生《いつしやう》を送《おく》るのが、最《もつとも》肝《かん》緊《じん》要《かな》目《め》なことではありませぬか。

勅語教訓 偉人《いじん》伊藤公爵《いとうこうしやく》（終）

明治四十三年二月五日印刷
明治四十三年二月十日發行
明治四十四年一月十五日七版

勅語教訓
偉人伊藤公爵

著作者　中島喜久平
發行者　東京市牛込區下宮比町十四番地　渡邊鐵藏
發行者　大阪市東區南久太郎町三丁目十五番地　鈴木常松
印刷者　大阪市西區阿波座二番町一番地　堀越幸

販賣所
東京市神田區錦町二丁目　勉強堂
大阪市東區南久太郎町三丁目　修文館

所謂蔓を論ず

中嶋喜久平

所謂蔓とは、糸瓜の蔓か。あらず。鍋の蔓か。あらず。眞弓の弦か。あらず。九皐の鶴か。あらず。所謂蔓とは、より深刻なる社會的現象に觸接せる蔓なり。然らば則、此意味に於ける蔓れ、歐陽公が所謂朋黨と、其觀念を髣髴せしむるものありて存す。

既に蔓なり。究竟する所一種の蔓たるを免れず。故にこれを手繰れば、遂に其根株に歸着す。社會的意

十六

味に於ける根株は、即元老なり。先輩なり。而うして、枝葉は即後進なり。少壯氣鋭の士なり。元老の卵なり。兩者の連鎖は、いれでも知る、所謂蔓なり。

社會的意味に於ける蔓は、決して架空の觀念に非ず。實力を具有して、實社會に活躍する、實在物なり。これが實在は社會或は個性の爲に幸なるか。幸に非ざるか。這裡の消息は、吾人の現下に追求する對象に非ず。たゞ、社會的蔓の存在は、何人と雖、これを久遠に否定するを得ざらむ。然らば則、社會的蔓に對する吾人の態度は、吾人が眇然たる餘生の利害に近接密着して、最注意を拂ふに値する研究題目たり。

社會的蔓の存在は、必然的に社會の存在と、その命運をともにす。故に吾人が所論の餘地は、たゞこれが善用策のみ。既に善用といふ。故に吾人は個人修養の道場の扉に釘ちて、先輩有力の士を我輕口乃槍玉に擧げ、死片に等しき頭腦を以、一搏、直に公候の地位を獲得せよと誨ふる、異端ホ非ず。個人の着實なる修養は、何れの場合よ於いても、最尊敬せざるべうらず。こは吾人の所論を通貫せる、確然たる前提なり。

臺閣に翺翔し、國家の樞機に折衝する諸公、乃至、社會の要路に當り、實業其他の方面に羽振雄々しき諸士、約言すれは、所謂成功せる輩は、概社會的蔓の善用者に指を屈せざるを得す。而うして此社會狀態に對して、吾人が淺薄なる歸納的研究によりて、所謂蔓の分類を試むる時は、おのづから兩個の種類を存するを知る。閥族を中心とせる蔓其一なり。人物を中心とせる蔓其二なり。山縣系と曰ひ、伊藤系と曰ふ。而してこれに個別的觀察を下せは、以上兩個のうち必其一に居らむ。

閥族的蔓は、動もすれば盲目的分子を介在す。盲目的分子が社會に流露する所は、たゞ惡結果のみ。こゝに於いて所謂伴食を生ず。伴食は無能なり。靜止すれば積極的弊害を釀さず。器に非ずして事を好めば社會をして埋もれて鴆毒の中に在らしむ。

閥族的蔓は嘉賞すべきに非ず。されど絶對に爪彈せむには未し。所謂蔓は相對的觀念なり。片面的乃ものに非ず。故に根株は、枝葉に培ひて、因て自己を枯槁せしむる愚を演せず。故に閥族を顯榮の地位に擢でむとするに當り、痛切に打算より上り來る者は、まづ自己の利害なり。而して其幾分を後進の犧牲となすは、此種の蔓の性質上免るゝを得ざるも、蓋概副貳的なり。故に全然盲動的なるを得ず。

また閥族は、其間自類似あり。人物の血統、舊藩の氣風は其例示なり。根株の偉人傑士たるを前提として論歩を進むる時は、その親族及び藩閥の如き、概亦一方の鎭たるに耻ぢざるは、世の常態なり。

位置ハ人間を作る。これ一片の眞理なり。好個の金言たるを失はず。經驗は此意味より於いて尊し。可もなく、不可もあき士、一朝風雲の兒となりて時めくは、當初に於いては、適材を適所に用ゐる、所謂人物經濟の本旨に符合することあからむも、久しきを經ば、頭梁の氣品おのづから具はり。遂に江湖をして、そが相對的位置を肯定せざるべからざらしむるは、世幸よして此例證に乏しからず。

以上三個の理論は、閥族的蔓の盲目分子を牽制乞、彌縫修繕乞、よりて生ずる弊害の竄食に力め、閥族的蔓の社會的効用を促進せしむ。故に吾人は社會の利用厚生に鑑み、社會の蠹賊なりとして、此程の蔓を

否定し得むには、あまりに大膽なり。殺活自在の大妙腕は、吾人が双肩に吊さがり居るを悟らざるべからす。此意味に於いて、吾人は閥族的蔓の善用すべきを信ず。

さりながら、閥族的蔓は一種の變體なり、公平無私なるべき社會に於ける黑雲の蟠屈なり。如何となれば、その根基は因緣あればなり。親族これ前世の結緣なり。藩閥また然らざるに非ず。因緣とは即宿命なり。宿命とは、これを聊科學的に解する時は、意思不自由なり。故に閥族的蔓は、社會の蠹虫に非ざるか。社會は爲に槁木たり了せざるか。さあれ意思自由說は、十八世紀の末葉に於いて、西歐の一角に崛起せる政策的議論なり。科學的根底に至りては、薄弱甚し。胎兒既に疾病的遺傳あり。社會的人類的遺傳あり。財富に於いて亦然り。故に犯罪の如き、一片刑法よりてこれが剿絕を期すべきに非ず。必や深邃なる社會學的、若くは人類學的研究をつまざるべからず。運若くは宿命と稱するは、不可解の力なり。この力を稱して神となすも、佛となすも、吾人の干與する所にあらず。以て個人修養の餘地を否定するを得ずと雖、此力たる、社會に充塞す。されば閥族的蔓を不公平として除斥せば、滿天下の物事、いづれか公平を欠かざるものにあらざらむ。然らば則、此意味に於いても、亦閥族的蔓乃善用を除却するを得ず。

人物的蔓は、いふに多きを須ゐず。蓋蔓の理想なり。在上者は爬羅剔抉を力め、布衣匹夫は固有の材幹を流露して、雲梯に攀ぢむとす。兩者の合致は兩者の幸たり。聽國家の幸たり。以社會てふ大機關に膏さし、運轉自在の妙を極むるを得。所謂支那流の隱士、世に容れらるゝを欲せず、冠冕を泥土にし、白雲靑

水に思を遣る。明治聖代にかくの如きは不經濟の極なり。人物的蔓は國家の大慶なり。自己の腹藏を社會にとひ、抱負を皇張實現するについて、應分の努力をなすは、社會組織の一分子たる個人の義務たらずんばあらず。「知らない人は世話の仕樣がない」とは高師の櫻井幹事が、一學生の怨言にむかつて放つたる一矢なりと聞く。反芻に値ある語ならずとせむや。

以上に於いて、吾人は、所謂蔓は、社會の根底に發芽せる者にして、決して蛇蝎視すべきに非ず、寧これを善用すべきを、説きぬ。而して閥族的蔓は、所謂因緣の法則に支配せらるゝこと多きも、因緣は偏頗と同一意味に非ず。先天的宿命なり。これに對して怨言を放つは、醜婦の何故に花を欺く美女と生れざりしかを喞つと一般なり。故に自然の攝理によりて、此利器を懷抱する徒輩は、その蔓を手繰るに於いて躊躇するを要せず。頭梁は自備はれり。

人物的蔓に至りては、すなはち然らず。其根株、枝葉は、自他兩個の人格の相對的干係によりて定まる故に縋るべき蔓を糸瓜にとるべきか。葛にとるべきかの選擇權は、收めて自己の掌裡に在り。故に成功の開拓に於いて無限の妙味を生ず。絕大の手腕を生ず。從うて根株たる大頭選擇の當否によりて、甚相逕庭せる二結果を貽すことを理論上考察するを得。豈悚然として、恐れて懼れざるべけむや。

既に縋りて吊さがらば、吾人は十年鳴かず飛ばず主義を鼓吹せむとす。鳴かず飛ばずとは無爲なるに非ず。最着實に衒ふことなく、賤役に從ふをいふ。餘暇あらば、中心の修養と健康とを蓄積せよ。ゆめ社會

乃油紙となる勿れ。油紙は一時の光焔眩然たりと雖も、轉瞬を出でずして餘燼もまた盡きむ。こゝに俊傑老年は末張りのする生涯を以て、隱然たる勢力の一偉塊となりて出現すべきなり。これを稱して鳴かず飛ばず主義といぬ。これを實行する者は、所思を一世に照被するを得むことを信ず。社會は迷宮に非ず。陋巷の紛糾に非ず。整然たる秩序あり。焉んぞ一豎子のグラッスホッパー的榮達を許容せむや。

論じてこゝに至る。頭をあげて前程を慮ふ。あゝ蔓を求むること、蔓に縋ること、而して蔓を手繰ること、亦何ぞ難いことの甚だしき。

〔資料18〕諏中学友会誌第一四号

中嶋喜久平君を哭す

藤原咲平

中島は稀代の秀才であつた、又勇武絶倫なる劍客であつた。劍を取りては帝國大學の道場に於て委員として叱咤號令し一分の隙もなかつた、昔ならば確かに武勇傳中に列すべき一人である。第一高等學校一部一年一の組の筆頭に見出だされた中島の名は總ての矚目と總ての羨望の焦点であつた、此文武兩道の達人を誰か其の三十三歳の短折に於て弔する事を豫期せむや。中嶋の強い事と言ふたら法外であつた、其隆々たる筋肉は雪の如く白く氷の如く堅かつた、共に鷲湖に泳ぐに眞に浪裏白跳の趣があつた。聲も大きかつた肩をゆすつて高談する時遠方の者共も走つて聞きに來た。意氣の盛なる事も類がなかつた。中學時代高等學校時代に面と對つて彼と爭ひ得るものは一人もなく、陰で惡く云ふ者も顔を見ると皆尾を捲く犬の如くであつた。總ての方面に是と言ふ弱点とてはなく何から何までも強かつた。余の如きは彼を恐れ彼を敬する一人であつたが遂に彼に親しみ得るにはいたらなかつた、十年の長きその間全室に起臥した事はあつても尙遂に親愛の情とては起らなんだ。

此位強い男がどうして死ぬ様になれたものか。

中島の養生家たる事も又無類であつた。比類なき意志の力を以て善いと聞いた事は必ずやり惡いと云ふ事は決してやらなんだ。肺病を惡む事仇敵の如く常に諏訪の肺病史を我々に講釋して聞かせて肺病になつた

ら人間の終りだと口癖の様に云つた、此位肺病に對して用心して而かも肺病の爲めに斃れた。吾人は玆に人間の努力の如何に弱少なるかを想ふ。強かりし中嶋すらも是様である。

自分は中學時代から常に劣等人種に屬して居つた、骨は細く、意志は弱く、膽力もなく、辯舌もなく、字も下手なれば劍術も拙く、學校の席順こそ三四番ゐ居たが其他の点に於て常に上田、原、折井等豪傑の下風に立つて頭のあがつた事とてはなかつた。まして中島等の前では常に弱者の標本とされて居つた。自分は肺病を恐れる事中嶋に劣らなんだ。寧ろ之れに勝つて居つた。何となれば余は二人の姉を肺病でなくして居る。血統としては誰も余の近親で他に此病氣になつた歴史はないが兩姉は其境遇上傳染を餘儀なくさせられた、然りと雖も余の体は瘦せて細く皮膚は乾いて青かつた。「貴樣は肺病になるぞ」とは常に中嶋等からも與へられた警告であつた、加之余は極めて輕症ではあつたが肺尖加答兒に罹つて、此時には却つて中島の慰問をうけた。大學を出て後の境遇に於ても中嶋は寧ろ供給が豊かに時間にも餘裕があつた。現に余は中島を病院に訪ふにも今夜は十五分の暇があつたから來たと言ふ風で決してゆつくり慰問し得る時間とてはなかつた。從つて余は一日二三時間の睡眠に滿足しなければならぬ樣な時も決して稀でなかつた。中島は銀行から歸つて後夜業に追はれる樣の事は無かつた。此れでも自分が生き殘つて中嶋が死んだ。どうしても一種の謎一種の奇蹟としか考へられぬ。

自分が病氣で入院して居る時に馬場直君が來て世話をして呉れた。馬場は恐れなるもの丶一微粒をも持た

ぬ如く丈夫であつた。而して中島の入院中に馬場即嶋津は夢の如くに死に去つた。自分は中嶋を尋ねる暇がなかつたからして、端書に走り書きした「馬場は死んだ。强壯である馬場は死んだ。死の前には强壯者も病人も總て平等である、肺病なるがために死を恐るゝ勿れ、吾々は只淸風裏に明月を見やうではないか。」と、而し投凾せなんだ、端書の表には美少年と落花の圖があつた。自分は其傍に不圖「明年花開復誰在」と書き付けた。そしてはつさした、遂に出さなんだ。何の譯か或る朝妻が此端書を出して机の上に置いた。之を見て中島は今如何かと思ひながら出勤した。歸れば今朝八時品川通過云々の黑枠の端書があるではないか、先きの繪葉書も亦尙机上にあるではないか。

馬場が死に中嶋が死に、而して之を弔する者共も亦遂に弔せらるべき運命を有して居る。吾々は玆に老人輩の如く目前に佇立する死を見る。「但し余は已に數年前に初めて之を見たり。而して已に見るに馴れたり。」 中島は已に白骨になつた。どうしても再び肉の歸り樣はない。余は姉を失ふた時にそれでも何處からか歸つて來ないかと思ふた。横内大九郎と云ふ丁度阿蘇火山の燃ゆるが如き九州男子を失ふた時にも矢張り歸り來る彼れが目先にちらついた。今は併し甕に盛られた白骨を思ふ。赤毛の聲の枯れた中嶋をも思ふが併し歸つて來るとは思はない。「誓つて直つて見せる。」と中嶋は余が彼の病室に入りし一瞬間に叫んだ。人は或は中島は此想ひの爲めに斃れたと言ふかも知れぬ。併し原因などを考へる人は中學時代の彼を見るが善い、人知は薄い物だ。人間は弱い物だ。誰れか因を以て善く果を推し得るか。况んや果を以て

因を論ずるをや。因を尋ぬれば、唯宇宙は無限である。

余は中島のために中島を弔せず。之れ命なり。死する者は却りて幸なり。余は余自身が死せりとて悲しとは思はず。况んや他人なる中島をや。中島は余の戀人ではない寧ろ彼は怖しかつた。中學時代から常に畏れて居た。今彼の死に當りて實を云へば惜しいとは思ふが不思議にも悲の情とは別の變な感じがするのみである。併し余には殆んど語るに忍びざるものがある。自分にも六十に近き父もあり母もある。燒く様な東京の暑中に、瓦屋根で圍まれた身のつかへる程の余が小家でも息子の家と思へば譯もなく身体を延して彼等は博覽會を見物した。中島の親父は此時に白骨を抱いて歸國したではないか。中島が寧ろ馬鹿であつたらばとさへも胸に浮ぶ。余は中嶋の死に對して涙はない。只此老父君の爲に泣く。不孝は最惡である。夭死は最大なる不孝である、彼を哭するにあたりて彼を鞭つ余は殘酷であるかも知れぬ、併し余は感ずる中島も遂に不孝の子として死んだ。嗚呼併し之れも人力の如何ともす可らざる所である。余は第一に不孝の子となりし中島を哭する。第二に其希望計畫が一も實現せざりし中嶋を哭する。第三に結婚期を過ぎて結婚せず遂に一の最愛なるものを得ずして逝ける中島を哭する。生死の如きは實に問ふ處でない。余は彼が臨終にも會せず、彼が骨をも送らず、遂に北海の濱釧路の客舍にて濤聲の高きに驚きて遙に彼の白骨を思ふ。嗚呼憐にも不幸なりし友よ。余は鄕里及國家のために此の俊英を惜む。

附記、中學生諸君のために申す。中嶋の死は諸君の爲めにも余等の爲めにも前車の覆れるなり。先に赤

沼君兄弟あり、北澤定吉君あり、野明君兄弟あり、今又中島あり。總て此等は諏訪出身の最も俊秀なるものなり。此外吾等が知友多望の士にして肺病に斃れしもの數十人あり。されど是れは過渡時代の犧牲なり。諸君は充分に注意せざる可らず。併し決して恐るゝに及はず、肺病は不治の病なりなど云ふも嘘なり大概の者は一度は知らぬ間に肺病にかゝつて治つて居るものなり。只先年までは醫師が治療法を知らざりしために誤つて不治の病と稱せし迄なり。諸君が腕を切つても癒ゆべし。癒えた後は創は殘り、老年になれば氣候の變り目に創處は痛まむ、而して人は之を不治の病と云はず肺病の不治なる事は猶創處の殘るがごとし。何ぞ恐るゝに足らむや。

諸君は學問と云ふものゝ頗る冒險的のものなるを銘せられたし少くも兄弟中の一人は學問などせずに家業と親とを守られたし。中嶋の死に依りて起る一家の悲慘は云ふに忍びざるものあり。諸君は必ずこれに鑒みて過なきを得ば中島の死も多少の公益をなすものと言ふべし。我等は先づ親の爲に計らざるべからず。

次ぎに余は僭越なるべけれども宗教に就きて諸君に一議論を呈せむ。諸君の現狀は知らざれ共、余等の中學生時代は科學萬能の思想の高潮に達しをりしが故に、宗教を口にするものは常に友人間の侮辱を受けたり。今にして之を思へば、侮辱する者も狹けれども、侮辱されたる者にも欠点はありしなり。今余は諸君の前に立ちて中島の死なる問題を提出し、之が謎を解き得る者は必ず一人も之あるまじきを主張

するなり。宗教的には暫らく論せず、科學的には全く之なし。人或は言ふべし。現代に於て科學上不可解の問題も後來晴るゝの機あるべしと。余は之に答へて言はん。或は然らむ、然れども其の機に於ては又別に新なる遙に難解なる新疑問を生ずべしと。佛語を借りて之を云へば正に「無々明、亦無無明」なり。僧侶は之を心に就きて論ず。之を現象に就きて應用するも妨ぐる處にはあらず。即無明はなくなりて明となるも然かも尙無明の盡きてなくなる事はあく常に無明なる者ありと解釋し得べし（此語の深意は尙廣きものあり）即科學的方法は進めば進む程新疑問を生ず、是併しながら實は人間の智惠の作用に外ならず。故に科學は以て究竟を語るに足らず。されど玆に然らば科學無能なり吾人は須く哲學に歸せむ或は宗敎に入らむと速斷す可らず。科學は正確の智識なり之に依りて實用に達する効は他に比すべきものなし、哲學宗敎の如きはあきらめの方法なり、之を月に譬ふれば科學は月を得むとして手を延ばし屆かざるを知りて直ちに踏臺を持ち來り、尙足らざるを知りて梯子を持ち來り、尙足らずして山上に登り、飛行機にて翔るが如く未だ達せずと雖も順序あり、月に少しでも近づきつゝあるは事實なり。宗敎の如きは則然らず。遂に梯子や山登り等の勞をなさず。譬へばこれを水面に映して以て月を得たりとするが如きものなり。故に人々に之を得るも人々に之を失ひ未だ嘗て此方法に依りて一歩も月に近よりたるは非ず。只少しく近寄りしは科學なる足場の上に上りて少しく近寄りしなり。即樹下に於て葉蔭れに月の一部をのみ見しものが科學れ梯子を得て樹上に登り月の比較的完全ある形を水に映し得るが如きも

のなり。尚されども時々浮雲の月影を亂ることをまぬかれず。宗教は此の如くあきらめを與ふる者にして人々は之に依りて兎も角も滿足を得るなり。されば初めより不滿を感ぜざるものには無用なり。父母を失ひしとか其他非常なる不幸に陷れる者が心を宗教に傾くるは決して笑ふべからず、最事の當然なる者なり。然れども父母の養を受けて豊かに其日を過し行く中學生諸君が單に時流に循ひ「はいから」振つて宗教などと云ふは最も嫌ふべきものなり。されど漸く長じて正に獨立の期に入らむとする時は殆んど總ての青年は不安に驅られ遂に道念の萌す時あり、此時機に於て總ての人々は何等かの形式に於て不安を超越するなり。即ち耶蘇教とか佛教とか特別なる形式は有せずとも其人特得ある信念を得るなり。但し此信念に强弱あり。宗教に依りて得る信念は比較的勞力少なくして比較的堅固なるものを得ると考へるまでなり。余が諸君に語らむと欲するは此點にあり。余が中島の死を以て奇蹟なりと叫ぶとも青春紅顏なる諸君は決して余の感ずる如くには考へざらむ。それにて善し決して諸君は宗教なる者を求め給ふ勿れ。ただ二年或は三年或は數年の後に不安の念に驅らるゝ時に余が言を想ひ出す可し。此時に宗教書を開かば古來幾多の人々が如何にして月影を心胸に映せしめしかの方法が歷然として明なり。其の中の最良と思はるゝ方法を選擇して採用するを得べし。道念の起らざる間に宗教に近寄るは最も危險にして形式的宗教が信念の力を妨ぐるは無宗教よりも遙に害あり。要するに宗教なるものも自然現象の一なり文明未開を通じて神を知らざる國民は未だ嘗てなし。余等不敏なりと雖も或方面の科學のどん底を窺ひ

得たりと信ず。而して其處に宗教を見るなり。通俗に行はるゝ宗教は無理なる信仰を強ゆるものなり、理屈なしに信ずる處が有難いと云ふ、併し此考は誤れり。何も有難がるための宗教ならず、安心すべきがための宗教なり。科學の說く所に就ては吾人は疑はんと欲するも疑ふ事を得ず。誰か酸素と水素とより水の生ずるを疑ひ得むや、此の如き確固たる科學の門より入りし宗教は現代に於て最も信じ易き宗教なる可し。何となれば總ての矛盾理性と衝突する矛盾を超越したるものなればなり。されども此の如き宗教は耶蘇教よりも又佛教の何宗よりも入るを得可し。只道の難易あるのみにて達するなり。要するに予は中嶋の死なる機會に於て嚴肅なる感情の下に次の如き忠言を試みたるなり諸君は（一）道念の動くまでは宗教に觸るる勿れ、宗教は戯れには非ず（二）科學と宗教とは矛盾する物に非ず、科學の基礎に立つ宗教を求めよ。

余を導びきて余に余が善なりと信ずる處を決行する勇氣を與へたる中嶋の靈に謝す。

大正三年八月十四日午前一時
北海道釧路港の客舍に記す

藤原咲平

〔資料19〕諏中学友会誌第一四号

覇府柳營帖

竹の人

左の一篇は去る葉月上旬の候、湘南七里ヶ濱の寓舎に逝きし、亡友、中嶋喜久平氏が未だ帝大在學時代、其親友、渡邊鐵藏氏の許に送りたる一文なり。即ち、先夏は都門の紅塵を避けて、片瀬の邊に遊び潑溂の意氣と、稜々の氣骨とを養ひし身、今夏は、病軀を抱いて悠々自適、只管其れが減退を期するの身となる、而かも轉地後一旬たらずして遂に逝く。然るにても故人が如何計り七里ヶ濱の邊、煙波渺茫として南に開け、宛がら練絹を布けるが如き水の江際、右に繪の如き江の島一帶を扣へ、左に赭岩突兀乃稲村ヶ崎を指し、遠くは白扇倒懸の富嶽の秀巖を望み、之れを背景として布帆の風を孕んで、右往左往するの風光に憧がれたるとよ、前きには豪快の氣を養ひし處、今は現世終末の個所となる、因緣亦淺からずといふべし。

人の生を此世に享く眞に蜉游の一夢に似たる哉、朝に活氣鬱勃の士、夕に白玉樓中の人となる、而かも天蒼々、地漠々、仰いで悠々たる天地に對する時誰乎無邊の哀感に打たれざる者あらむ。即ち渡邊氏の許可を得て全文を茲に寄す。十年の昔故人も又清水ヶ丘に在りて慈師が慈翼の下に人となりし人、曾遊に在りては壞郷の念綿々たるものありしが如し。今時は果して如何、惟ふに故人が恍として夢の如き過去三十年の現世を辭して、未來永劫の眠に就くの時尚一片、思を故山に馳せて父

母故舊を顧見せんものありしならむ。

秋や將に暮れなんとして蕭殺の氣人に迫るものあり、壞舊の情は余をして之れを寫さしむ、幸に誌上を割かるゝを得ば幸甚なり。

（因に文は法帖に認めたるものにして覇府柳營帖と名付けたり、蓋し源家の覇府柳營たりし鎌倉を中心として感を述べたる所以ならん。）

（大正三年十一月一日）

覇府柳營帖（寫）

鐵藏兄足下。

時正に孟春に入り、千紫百紅、都門の人を蕩し、野夫は西疇に事あらんとす。眠食果して如何に、惟ふに學祉萬福に候ふべし。僕暫く紅塵の煩を避けて今や小笈を湘南に負ふ。覇府柳營の遺跡落英に埋れ、杳として尋ね難しと雖、而かも、低徊去るに忍びざるは何の心よや候はむ、風は新柳の髮を梳り、波は舊苔の鬚を洗ふ、筇を立て、帽を傾けて、斷碑を讀む。一寒の青衿感慨無量なり。路傍の若草、廟後の野花、皆唯美いしき歷史の光に抱かれて、懐しさも一入に候。夕さり來れば、由井ヶ濱邊は夕波千鳥しばなきて、隱口の泊瀬の御堂に響き渡る幾杵の鐘は、往にし春まだき此海甸の彼方馮夷の逆鱗に觸れ、人をして芝蘭

の香り難きを嘆せしめたる亡き友増田（こは中嶋渡邊両君の友人にして去る四十三年の春扁舟にて片瀬の沖に出で暴風の爲め不慮の死を致したる人）の思出を傳へて耳朶に徹し來り候。黎明のさすらひには磯邊の眞砂に夜の間に書かれたる百千鳥の君の蓮歩の跡の鳴潮に一つづゝ洗ひ去らるゝを見て、空蟬の世の人の命の果敢なさに思ひたぐへて不健全なる人生觀に打たれ候も是非なく候。大佛への道さめくれば、沙羅双樹の花の香ぬるく、故友の俤も浮びぬる心地せられ、片瀬の濱の櫻見に積る春雨のしづくを見ては、人の涙の尊さも胸にしみ渡り候。風吹く日は星月夜、鎌倉山の松籟沖の濤聲と呼應して、人の心を抉る如きうち、獨彼の公孫樹のみは巨人の姿いと雄々しく、往昔を秘めて、無限の沈默を守り候は、彼の女丈夫の心に添ひ候べきか、美目好笑、佳人の長袖空に舞ふ、而かも方寸の胸裡長恨綿々、嗚呼當年の悲劇、今にして顧一顧すれば、好個の美術に候可し。さあれ尊きは涙に候、思出に候、暖き心に候、緯となり經となりて、人生の綾を織るは、正に之れに候はむ。須臾の人生も鳥羽の田づらに皐月を鳴く、雲雀の如き心根ならば如何に樂しからましを。氷なす洞の巖の荒れたる胸を打ちて出で、湯の湧かむを覺ゆるは悲しからむや。建長寺圓覺寺等には昨好晴に乘じて杖を曳き候。花草鞋ひきしめ辿りゆく坂路には嫩葉の香、旅衣の袖を襲ひて百千鳥かしましき迄に無量壽の國をたたへ候。山門の櫻、風なきに散り、仁王の大目玉も流石に眠たげに候。大伽藍寂として聲なく徒に落花と流水とに委ね候。何處ともなく只雛僧の味噌を擂る如き音の聞ゆるは唯心持のみにや候いむ。不忍の池の畔には五位鷺なきて蓮の掌、日を逐ひて展開せらるべ

く御多忙同情に堪へず候。僕も力めて破机に對し居り候も、孟軻の所謂放心を求むると難く、心はおらぬ故園の空などに迷ひ候。遊子の魂異域の彼方に放浪してより、星移ると既に十指を屈し、郷關の春に背くの罪、正に湯鑊に直し候。嗚呼親愛なる村郊の櫻幸に恙なきや否や。青雲の志を貫きて雲梯に攀ぢ、所思を一世に延ばして、錦衣を故園の風に飜すは、必ずしも望む處に非ざるも、顧れば既往は盡く之れ闇黑にして來者もまた頼むべからず、而かも修養の歩遲々として牛にだも追隨せず、嗚呼今にして大鵬の靈翼に乘せざれば、奈落千仞乃底に沈淪せむ。客窓の晝閑にして午砲なり、懶鳥來りて徒に僕の起居を訪ふ、萬感に昏倒して曲臂一睡の夢を結ぶ、覺れば夜のとばり、彼方の松のむら立ちよりひろごり初めて、江の嶋一帶、渺として画の如きうち、一弦の弓張月影淡として水の如く、一つ一つ生れ行く星の光もいと優しくして譬へば鳩の瞳の如くに候。折しも時鳥一過欄を掠めて叫聲急湍の如きもの有之候。春の最中に思の外湘南の夏は既に脚下に動き居り候。豈驚倒せざるを得んやにて候、伏して兄の勉旃を祈り候。僕此處兩三日中行李を調へ東京にまひ戻るべく拜眉正に近きにあり。夕さり灯をかゝげて一輪をさゝぐ文理滅裂意を盡さず、只平素の友情に免じて判讀の榮を賜らば幸之れに過ぎず。尚末筆ながら御母堂様にも宜しく御鳳聲下され度候。歸京の日子につきては改めて御一報致し候積に候へば御寸暇も候はゝ礫川の寓居御訪問被下べく久濶の情を醫し度候以下次便に讓る。

中嶋浂水

（完）

跋——本書刊行の意義——

本書によって、中島喜久平の人間像が描き出された。あわせて中島をめぐる明治期の諏訪の知的青年たちの群像も明らかにされた。

ぼくらのような後輩には、中島は諏訪中学の校風確立に貢献した偉大な先人であり、文武両道の達人として東都の学生界で活躍した英才とつたえられていた。高い理想と類い稀な能力の持ち主だったのに、不幸にして夭折した悲劇の主人公として、伝説的な英雄であり、神秘化された趣きさえある。

五味氏の篤実な調査によって、ここに中島の実像を見ることが可能になった。氏の勤勉な努力と、公刊のための資を供された竹内国手の芳志とに深謝し、かつ刊行の実務に当たられた中央企画の同窓生、とくに小口修平氏の高配を多とするものである。

伝説・神話の濃い霧の彼方から浮かびあがってきた実像は、生身の人間のそれであるから、完全無欠というわけにはいかない。いかなる天才といえども、その形成過程における時代の歴史的制約を免れることは不可能である。中島が学生時代を過ごした明治三十年代というのは、日清戦役後から日露戦役に至る「臥薪嘗胆」時代、つまり西欧列強の圧力をはねのけてアジア大陸に進出しようとする、

日本帝国膨脹が強く志向された時期であった。ナショナリズムと天皇制賛美の心情は、中島・藤原・小平に共通してみられるところである。ただ極東の小島国であり、後進国でもある日本が、強大で居傲な西欧帝国主義の横暴を制肘し、東亜の盟主として被圧迫民族を救済しようとする志があった。こうした心情・志は、明治三十年代の一高寮歌にくりかえし表白されていたところである。

「博浪の槌」は、原話におけるような、専制君主に向けられた反逆の抵抗としてではなく、同胞の中の腐敗分子、無自覚な奴輩に投げつけられようとしている。中島入学の前年の第十二回紀念祭につくられ、一高の代表的寮歌となった「嗚呼玉杯」と同工である。惰眠を貪る愚民を覚醒させるべく、「あらが手ぶりに靡け」と呼号し、乱麻を断つの英傑たらんと自負したのが中島である。「われら立たずば世をいかむ」と慷慨するエリート意識の表出はきわめて率直である。さて、こういう歌を愛唱したという諏中の生徒たちは、どこに共感をおぼえていたのであろうか。

過日、清陵時代の同級生数人が集まった小コンパで、在学中歌詞の意味をほとんど理解することなく唱っていたと、参会者のほとんどが述懐した。当時、伊東一夫先生が学友会誌上に注釈を発表するという労を取られていたにもかかわらずである。難解な歌詞、十節に序詞と結詞がついている長大な構成を、エリート校にふさわしい個性的な校歌として、若い自尊心を満足させていたのではなかったか。青年客気の時代ならともかく、白頭に到ってこれを高唱してもなお胸が高鳴るとは、いったいどういうことか。若き日の理想をつらぬき、世の不正と頽廃に抗しつづけてきたという矜恃、浮華をしりぞけて質実な生活をまもってきたという自負、平和とアジア諸国民の友好のために尽力してきたと

いう自信あればこその感激でなくてはなるまい。

中島の遺産の最大のものは、まさしく自治の校風確立への寄与である。「ああ博浪」にその理念が歌い込まれていないのは、中島にまだ一高寄宿寮の生活体験がない―あるいは浅い―時期の作詞だったろうことを推測させる。あるいはこの時期に自治の理念を校歌で歌いあげるのは、尚早だという状況判断によるものだったかもしれない。鵜飼前校長時代、自治は学校当局がわと学生がわとのあいだの死闘の対象たるテーマであった。諏中創生期に自治のために闘って学校を追われた生徒たちに比して、中島が学校当局と協調しつつ生徒がわの要望を着々と実現させていったのは、彼のすぐれた政治的手腕を示すものであるが、寺島新校長への交代がそれを可能にした客観的条件であろう。分裂気質がつよく、自己の信念をつらぬくためには玉砕をあえて辞さない諏訪人には珍しい柔軟な資質を中島がもっていたことは確かである。

彼の「蔓」論が、閥の存在を認め、これを必要悪とし、高次の目的のためにこれを活用しようと述べているのにたいし、「ああ博浪」の理想主義=俗物打破論からの後退・変節とみる見解は、あながち誤りとはいえないだろう。もはや学生としての理念論など諜々しえない、銀行マン一年生である。血よりも濃いと美化されることの多かった一高生の友情ではあるが、中島は明治末の就職難の時期、いわゆる「高等遊民」時代に、まさに学閥を利して就職し、将来は閨閥につながる可能性もあったとつたえられている。しかし、中島は志を放棄したわけではない。志を内に秘めて「賤役」に従事しつつ、実力涵養に努めて他日を期すという雌伏十年の覚悟は、現実主義と評されるべき以上のものを伏蔵し

ているように思われる。もっとも、多くの理想主義がそのように自己弁護しながら、ミイラ取りがミイラになってしまったのが歴史的事実である。未発の可能性をゆたかに秘めつつ早逝した中島は、汚れなき青春のさわやかさともろさを、ひともとのすみれのイメージで遺している。

清陵百年、母校は幾多の英才を世に送った。彼らの業績、その生きざまをリアルに批判的に吟味し、自治の精髄について認識を深めることこそが記念の祭にふさわしい。この書物はまさにそれを志向している。本書ではなお十分に展開されてはいないが、ほんらい自治のディシプリンというものは、市民社会を構成し運営していく公共的市民＝パブリック・シチズン、同朋的市民＝フェロウ・シチズンの自己形成を目ざすべきものであることについて、さらに深く解明することを今後の課題として要請したい。

一九九五年八月二十日、看山堂楼上にて

宮坂広作
（刊行委員会委員）

あとがき

――『ああ博浪の槌とりて　人間中島喜久平と諏訪の育英』復刻版によせて――

長野県諏訪清陵高等学校の校歌は、第一校歌と第二校歌、序説、終節を入れ二〇番、日本一長いといわれる校歌であり、同窓生三万人の絆の校歌である。

その「校歌制定一二〇年　第二校歌作詞者、中島喜久平（四回生）生誕一四〇年」を記念、茅野支部（支部長〈七〇回生〉田村義明氏）三役は、中島家現当主中島伸和氏ご夫妻に表敬訪問後、中島喜久平先輩の墓参を実施、コロナ禍明けの二〇二四年二月一〇日、支部総会を開催した。

支部総会講演に、七七回生　母校国語教諭でもあった武居美博氏が、第二校歌を読み解く〜明治の精神〜を熱演、大好評であり、当日、講師が母校国語の授業に使用した「諏訪清陵高校　第二校歌講義」書は、好評即売であった。

茅野支部総会の席上、同支部会員六四回生　堀内昊治氏が　既刊の『寒水 伊藤長七伝』再版、『ああ博浪の槌とりて　人間中島喜久平と諏訪の育英』復刻版発刊を提案、採択された。

二月二四日、本校同窓会常任幹事会・幹事会で、茅野支部長より、長野県諏訪清陵高校創立一三〇周年記念事業として、本提案がなされ、採択承認された。

五月の常任幹事会・幹事会で本校同窓会定期総会議案計上決定、六月二二日同校同窓会〈会長〈七二回生〉中村 博、事務局長〈七九回生〉高木保夫氏〉定期総会にて議案承認され、発刊となった次第

である。

この間、提案者の堀内昊治氏と茅野支部長、田村義明氏の打ち合わせメール、関係者への依頼、確認、出向きは半年に及んだ。提案者と同年生、早川武彦氏のご援助も特筆される。

こうした中、『寒水　伊藤長七伝』原本著作者　矢崎秀彦（三五回生）氏ご子息、矢崎正彦（六三回生）氏『ああ博浪の槌とりて　人間中島喜久平と諏訪の育英』原本著作者 五味幸男（四四回生）氏奥様五味優子様、ご子息、五味篤（七六回生）氏、五味洋氏、刊行委員会代表の竹内丈夫（二一回生）氏、ご子息の竹内俊文（六四回生）氏には、本書刊行に、全面的ご理解とご協力、ご支援をいただいた。

斯様な全面支援が、校歌作詞両氏を顕彰する再版、復刻版として出版される大きな原動力でもあった。更に本書出版に万端のお世話をいただいた、伊藤長七生誕の地の出版社、鳥影社社長、百瀬精一氏は、出版社の使命感を示され、本企画にご理解ご協力を頂いた。感謝申し上げる。

当番幹事となる九一回生幹事代表、藤森完一氏、九二回生幹事代表、笠原健一氏の周年事業、同窓会に寄せる熱意に感謝、賛同支援の各支部長、同窓会会員に御礼申し上げる。

多くの同窓生の心の拠り所、校是『自反而縮雖千萬人吾往矣』と共に、校歌作詞された歴史背景、社会現象に清陵生魂がどう学究鼓舞されたかなど、本書が創立一三〇周年となる年に、その学びのヒントになれば幸甚である。

二〇二四年六月二二日　同窓会定期総会の日に

長野県諏訪清陵高等学校同窓会　会長　中村　博

【著者紹介】
五味幸男（ごみ ゆきお）
1925年　諏訪市に生まれる。旧制長野県諏訪中学校（現 諏訪清陵高校）卒、第44回生。宇都宮農専（現宇都宮大）卒業。長野県立高校教員として勤務。著書に『五・一五事件の謎―濱大尉の思想と行動―』『白林遯叟犬養木堂』（未完）など多数。

【本書刊行委員会代表】
竹内丈夫（たけうち たけお）
1901年茅野市豊平生まれ。旧制長野県諏訪中学校（現 諏訪清陵高校）卒、第21回生。千葉医大卒。
竹内医院を開業し、内科・小児科の診察にあたったほか、長年院長及び民生委員をつとめる。

ああ博浪の槌とりて――人間中島喜久平と諏訪の育英

二〇二四年五月二一日初版第一刷印刷
二〇二四年五月二七日初版第一刷発行
定価（本体二八〇〇円＋税）

著者　五味幸男
発行者刊行委員会代表　竹内丈夫
発行社　鳥影社
長野県諏訪市四賀二二九―一（編集室）
電話　〇二六六―五三―二九〇三
東京都新宿区西新宿三―五―一二―7F
電話　〇三―五九四八―六四七〇
印刷　モリモト印刷

乱丁・落丁はお取り替えいたします

ISBN 978-4-86782-089-6 C0023

新装版

ああ博浪の槌とりて

——人間中島喜久平と諏訪の育英——

五味幸男 著／刊行委員会代表 竹内丈夫

鳥影社